T0085085

RENUEVA
TU **MENTE**

MIGUEL **NÚÑEZ**

RENUEVA TU **MENTE**

Una perspectiva bíblica del mundo y de la vida.

 Vida

 Colección Integridad &Sabiduría

La misión de Editorial Vida es ser la compañía líder en satisfacer las necesidades de las personas con recursos cuyo contenido glorifique al Señor Jesucristo y promueva principios bíblicos.

RENUEVA TU MENTE
Publicado por Editorial Vida – 2020
Nashville, Tennessee
Miami, Florida

© 2020 Miguel Nuñez
Este título también está disponible en formato electrónico

A menos que se indique lo contrario, todas las citas bíblicas han sido tomadas de La Santa Biblia, «NBLA» Nueva Biblia de las Américas © 2005 por The Lockman Foundation. Usada con permiso, www.NuevaBiblia.com.

Las citas bíblicas marcadas «NVI» son de la Santa Biblia, Nueva Versión Internacional® NVI®. Copyright © 1999, 2015 por Biblica, Inc.® Usada con permiso de Biblica, Inc.® Reservados todos los derechos en todo el mundo.

Las citas bíblicas marcadas «RVR-1960», han sido tomadas de la Santa Biblia, Versión Reina-Valera 1960 © 1960 por Sociedades Bíblicas en América Latina, © renovada 1988 por Sociedades Bíblicas Unidas. Usada con permiso. Reina-Valera 1960® es una marca registrada de la American Bible Society y puede ser usada solamente bajo licencia.

Todos los derechos reservados. Ninguna porción de este libro podrá ser reproducida, almacenada en ningún sistema de recuperación, o transmitida en cualquier forma o por cualquier medio —mecánicos, fotocopias, grabación u otro—, excepto por citas breves en revistas impresas, sin la autorización previa por escrito de la editorial.

Los enlaces de la Internet (sitios web, blog, etc.) y números de teléfono en este libro se ofrecen solo como un recurso. De ninguna manera representan ni implican aprobación o apoyo de parte de Editorial Vida, ni responde la editorial por el contenido de estos sitios web ni números durante la vida de este libro.

Editora en Jefe: *Graciela Lelli*
Edición de contenido: *Ana Laura Ávila*
Edición de estilo: *José Mendoza*
Diseño interior: *Grupo Nivel Uno, Inc.*

ISBN: 978-0-82974-450-7
ISBN Ebook: 978-0-82974-475-0

CATEGORÍA: Religión / Vida Cristiana / Crecimiento espiritual

IMPRESO EN ESTADOS UNIDOS DE AMÉRICA
PRINTED IN THE UNITED STATES OF AMERICA

23 24 25 26 27 LBC 9 8 7 6 5

ÍNDICE

TERCERA SECCIÓN
APLICACIONES FUNDAMENTALES

INTRODUCCIÓN

LA MANERA EN QUE PENSAMOS DETERMINA LA MANERA EN QUE VIVIMOS

En una ocasión, alguien me preguntó cuál era mi mayor frustración en el ministerio pastoral. Ya que se trataba de una pregunta personal, busqué contestar de la manera más honesta posible. Le dije que lo más frustrante en mis años de pastor ha sido ver la dicotomía que existe entre lo que el cristiano profesa cuando está en la iglesia y la manera como vive el resto de la semana.

Hace muchos años atrás me pregunté cuál era la razón para ese divorcio tan evidente y generalizado. Al final de mi búsqueda descubrí que, lamentablemente, la mayoría de los cristianos no tienen una mente bíblica. Es como si no entendiéramos que la manera en que pensamos determina la manera en que vivimos. La realidad es que el mero conocimiento de las verdades bíblicas no garantiza un vivir cristiano. En nuestra mente se han acumulado mentiras que se han enquistado en nosotros hasta formar hábitos y aun fortalezas que nos llevan a comportarnos de una manera que no es fácil de cambiar. Por lo tanto, la Palabra que Dios inspiró por medio de su Espíritu necesita penetrar en nuestra mente y residir allí de forma activa hasta que esas verdades poderosas destruyan las mentiras acumuladas a lo largo de los años en nuestro pensamiento.

Las mentiras que hemos creído se transforman en ídolos (Ro 1:25) y esos ídolos se van apoderando de nuestros afectos, mientras seguimos declarando a Dios como si fuera nuestro primer amor. Pero nuestros afectos por estos ídolos nos llevan a desplazar a Dios del primer lugar en nuestras vidas, hasta el punto en que los ídolos se convierten en nuestro dios funcional, y al Dios verdadero lo dejamos como parte de nosotros, pero solo como nuestro Dios confesional, es decir, el Dios que confesamos verbalmente ante los demás, pero que no es el Dios soberano que determina cómo vivimos.

Este libro surge, entonces, como un intento para poner de manifiesto la causa que origina lo que podríamos llamar "la doble vida" o "la doble creencia" de muchos creyentes y, una vez descubierto, contribuir a que renueven sus mentes y puedan cambiar sus vidas para la gloria de Dios. No olvidemos que Dios nos llamó a amarlo con toda nuestra mente. Por lo tanto, es necesario tener una cosmovisión cristiana que nos lleve a vivir de una manera congruente con nuestro llamado. Necesitamos ver la vida y el mundo tal como Dios lo ve, es decir, a través de los lentes de su Palabra para poder vivir nuestras vidas de manera congruente con su revelación.

Esto último es la razón por la que el punto de partida de este libro es la definición de cosmovisión y, en particular, de una cosmovisión cristiana. Luego, analizaremos cada uno de los pilares más importantes de una cosmovisión cristiana, porque ellos no solo representan sus puntos de apoyo, sino que además son los soportes que encarnan las respuestas a las más grandes interrogantes de la vida a lo largo de los siglos. Me refiero al tipo de preguntas que son formuladas tanto por niños como por teólogos y filósofos. El niño que pregunta "¿quién hizo a Dios?" tiene la misma intensa curiosidad que el filósofo que se pregunta acerca del origen del universo, si el universo fue creado por "alguien" y cuál es el origen de ese alguien.

En general, desde niños inocentes hasta grandes pensadores se han hecho las siguientes preguntas:

- Origen: ¿de dónde vengo?
- Destino: ¿para dónde voy?
- Moralidad: ¿qué es bueno y qué es malo?
- Identidad: ¿quién soy?
- Existencia: ¿qué es la vida?
- Sufrimiento: ¿por qué hay sufrimiento?

En las páginas siguientes abordaré estas preguntas con el fin de brindar respuestas claras y convincentes que te permitan renovar tu mente para conocer y defender mejor lo que crees, como testimonio de la coherencia y consistencia de la fe cristiana.

Hacia el final, quisiera ayudarte a descubrir que es necesario pensar bien si es que quieres tener una buena vida. Pero para pensar bien tienes que cambiar las premisas fundamentales sobre las cuales descansan tu pensamiento y tu estilo de vida. El capítulo final busca llevarte a distinguir cuáles son esas premisas que tienen que ser reemplazadas, junto con la eliminación de los ídolos que hemos formado alrededor de mentiras que nos llevaron a tener una teología funcional que choca con nuestra teología confesional.

El apóstol Pablo no se equivocó cuando escribió,

"Y no se adapten a este mundo, sino transfórmense mediante la renovación de su mente, para que verifiquen cuál es la voluntad de Dios: lo que es bueno y aceptable y perfecto" (Ro 12:2, énfasis añadido).

Por lo tanto, vivir en medio de la voluntad de Dios requiere de un doble esfuerzo:

- Una resistencia a la presión que el mundo ejerce sobre nosotros para que nos adaptemos a sus formas y vivamos de acuerdo con sus estándares.
- Una transformación de nuestra manera de pensar que produzca un cambio contundente en nuestro actuar.

La pregunta que surge de inmediato es "¿Cómo lo hago?". Te invito a que puedas leer con atención este libro, pero al mismo tiempo, quisiera desafiarte a que te dejes examinar por las verdades bíblicas que leerás, y también te animo a que reemplaces, de una vez y para siempre, cada mentira que tenías asentada en tu corazón con la verdad correspondiente revelada por Dios en su Palabra. El resultado será la verificación de la voluntad de Dios que es buena y aceptable y perfecta. Si al descubrir dicha voluntad, decides vivirla, habrás encontrado el secreto de la plenitud de vida de la cual habló Cristo.

"El ladrón solo viene para robar, matar y destruir. Yo he venido para que tengan vida, y para que la tengan en abundancia" (Jn 10:10).

PRIMERA SECCIÓN

CONCEPTOS FUNDAMENTALES

CAPÍTULO UNO

¿QUÉ ES UNA COSMOVISIÓN?

LOS LENTES PARA VER LA VIDA Y EL MUNDO

¿QUÉ ES UNA COSMOVISIÓN?

Todos necesitamos que el mundo en que vivimos tenga sentido. Todos necesitamos explicar de alguna manera el origen del ser humano, su historia y su destino. Cómo cada persona ve la vida y el mundo constituye su cosmovisión. Por eso, todas las personas, aun sin conocer la definición de la palabra, tienen una cosmovisión.

Una cosmovisión es, en términos sencillos, un conjunto de creencias fundamentales que explican la vida. Es un sistema de valores y/o presuposiciones a través del cual nosotros —consciente o inconscientemente— analizamos y juzgamos la realidad que nos rodea, y reaccionamos ante ella. La manera en que vivimos refleja nuestra cosmovisión. Por ejemplo, cuando oramos producto de alguna dificultad, revelamos que nuestra cosmovisión sostiene la creencia en un Dios que está presente y dispuesto a actuar en nuestras vidas. Por otro lado, la falta de oración podría indicar que nuestra cosmovisión sostiene la creencia de que Dios no existe, que es incapaz de obrar, que no tiene relación con los seres humanos o que es indiferente a nuestras necesidades.

En su libro *Elements of a Christian Worldview* [Elementos de una cosmovisión cristiana], Michael Palmer define cosmovisión como "*un grupo de creencias y prácticas que definen la manera como una persona aborda los temas más importantes de la vida*".[1] A través de tu cosmovisión buscas encontrar respuestas coherentes a los temas más profundos de tu existencia. Como sistema de creencias, trata de explicar de forma lógica el mundo alrededor.

El concepto de cosmovisión como perspectiva de la vida y del mundo fue introducido por el filósofo escéptico Emmanuel Kant, en su obra "Crítica del Juicio" publicada originalmente en 1790. El término en alemán es *Weltanschauung*, de las palabras *Welt* (mundo) y *Anschauung* (percepción). Poco a poco esta idea comenzó a permear el pensamiento y el término ya estaba bien arraigado en el mundo académico alemán para mediados del siglo XIX.

Si la idea de la cosmovisión fue presentada por Emmanuel Kant, un filósofo escéptico, podríamos preguntar, ¿por qué los cristianos usamos este término? La pregunta es interesante al igual que la respuesta.

UNA PERSPECTIVA CRISTIANA DE LA COSMOVISIÓN

La noción de la cosmovisión surge en el mundo cristiano como respuesta a las corrientes de pensamiento opuestas a la fe que tomaron fuerza en el siglo XVIII y XIX. Entre los proponentes más influyentes de este término y concepto encontramos a James Orr (1844-1913) y Abraham Kuyper (1837-1920), quienes se levantaron a finales del siglo XIX. Las obras de estos autores siguen siendo muy relevantes cuando hablamos de la cosmovisión desde una perspectiva cristiana.

James Orr habló sobre cómo los cristianos debían usar la fe cristiana para responder al Darwinismo y al modernismo,

---

1. Michael D. Palmer, *Elements of a Christian Worldview* (Logion Press, 2012).

ideas cuya popularidad aumentaba a finales del siglo XIX. David Naugle, escribiendo acerca de Orr, dice que la mayor contribución de este pensador fue mostrar que "la fe cristiana es un sistema [de creencias, valores, conceptos] Cristocéntrico, autoautentificable de verdad bíblica, caracterizado por una integridad interna, racional, coherente, empírica y con poder existencial".[2] En otras palabras, la verdad bíblica tiene a Cristo como centro, se autentifica o valida a sí misma por su coherencia interna que tiene la capacidad de brindar respuestas a las interrogantes que el ser humano se plantea sobre su existencia.

Orr nos enseña que nuestra fe es sobrenatural, pero no irracional, y es coherente porque responde a la sabiduría de un Dios sabio y soberano. Esa es la razón por la que el apóstol Pablo nos llama a ser transformados por medio de la renovación de nuestra mente (Ro 12:1-2). Nuestra fe debería explicar de manera lógica, coherente y racional la realidad que nos rodea.

Abraham Kuyper, por otro lado, fue un teólogo, periodista, educador y político que llegó a ser primer ministro de Holanda a inicios del siglo XX. Kuyper entendía que el cristianismo debía impactar por completo todo aspecto de la vida. Su frase más famosa es: "No hay una pulgada cuadrada en todo el dominio de nuestra existencia humana sobre la cual Cristo, como soberano Señor de todo, no clame ¡MÍO!".[3] De acuerdo con la cosmovisión de Kuyper, los cristianos debemos tener respuestas para todo ámbito de la existencia, con la intención de transformar el mundo que nos rodea.

La cosmovisión de Kuyper nos enseña que no importa si se trata del Internet, la televisión, o el entretenimiento… todo le pertenece completamente a Cristo. La Palabra de Dios dice que al Señor le pertenece el cielo y la tierra y todo lo que en ellos hay (Sal 146:6). Satanás ha usurpado, por así decirlo, el derecho de propiedad de algunos de estos medios ya sea en

---

2. David K. Naugle, *Worldview, The History of a Concept* (Grand Rapids: W.B. Eerdmans Publishing Company, 2002), p. 13.

3. Abraham Kuyper, "*Sphere Sovereignty*", *Abraham Kuyper; A Centennial Reader*, ed., James D. Bratt (Grand Rapids: Eerdmans, 1998), p. 488.

su contenido o metodología. Pero Dios sigue siendo el dueño. Kuyper, como estadista y teólogo, entendía que la fe cristiana impacta de tal manera la realidad humana que debería cambiar la manera en que hacemos política, periodismo, arte, ciencia y cualquier otra actividad humana; no hay una sola cosa del quehacer de la sociedad en la que nosotros como cristianos no debiéramos tratar de impactar con nuestra visión bíblica de la vida y la afirmación del señorío de Cristo sobre todas las cosas.

Dios nos ha dejado en el mundo para ser sal y luz del mundo (Mt 5:13-14); nos ha puesto para transformarlo conforme a los designios establecidos por el Señor en su Palabra. La cosmovisión cristiana nos muestra la realidad caída del ser humano y el plan de salvación establecido por Dios. Los cristianos estamos dentro de ese proceso de redención. Cuando predicamos el evangelio estamos trabajando en la redención de los incrédulos, y la conducta de esos individuos redimidos y transformados impactará sus lugares de influencia.

Kuyper también escribió: "... El modernismo ahora confronta el cristianismo; y la única manera en que ustedes, cristianos, podrán defender su santuario contra este peligro fatal, es colocando, en oposición a todo esto, *una vida y una cosmovisión propia, fundada firmemente en la base de sus propios principios, forjada con la misma claridad e igualmente reluciente por su consistencia lógica*" (énfasis mío).[4]

El movimiento modernista entendía que la ciencia tenía la última explicación a todos los problemas de la vida. Nuestra sociedad contemporánea ha abandonado el modernismo para abrazar el posmodernismo, del que hablaremos más adelante. Con todo, la idea de Kuyper sigue siendo relevante sin importar el pensamiento filosófico de moda: la única manera de defender nuestra fe es presentando una cosmovisión firme, fundamentada en los principios de las Escrituras.

---

4. Abraham Kuyper, *Lectures on Calvinism: Six Lectures Delivered at Princeton University under Auspices of the L.P. Stone Foundation* (Grand Rapids: Eerdmans, 1991).

Kuyper fue inspirado por Juan Calvino (de hecho, la idea anterior fue expuesta en una de sus conferencias acerca del calvinismo). James Orr, autor de *The Christian View of God and the World* [La visión cristiana de Dios y del mundo] también tuvo una poderosa influencia en Kuyper.

Hasta ahora hemos hablado de pensadores que vivieron en el siglo XVIII, XIX y principios del XX, pero Dios también ha levantado autores que hablan de la cosmovisión en años más recientes. El más conocido de todos es probablemente Francis Schaeffer (1912-1984), quien introdujo varios conceptos que vale la pena repasar con respecto a la cosmovisión y su influencia.

Schaeffer enseñó que todo el mundo tiene una cosmovisión y nadie puede vivir sin una explicación de la realidad que lo rodea. Aun en las regiones más recónditas del mundo, sus habitantes tendrán una cosmovisión, aunque muy probablemente no podrán articularla por completo ni la llamarán "cosmovisión". Sin embargo, esas personas tendrán un sistema de valores y creencias a través del cual interpretan el mundo que les rodea y la razón para sus acciones. Por ejemplo, en mi país, República Dominicana, algunas personas del campo y con muy poca instrucción dicen que un niño se "*anortó*" cuando hace diarrea de color verde. Si preguntas qué significa "*anortarse*", te explicarán que un viento del "norte" llegó durante la noche y golpeó los pañales después de haber sido colgados en el patio durante la noche. Esa creencia es parte de su cosmovisión que interpreta el problema de manera errónea, pero que para ellos explica lo que está ocurriendo con un niño enfermo.

El relativismo contemporáneo era un tema de profunda preocupación para Francis Schaeffer. La idea de que nada tiene carácter absoluto y todo depende de quien observa, estaba desarrollándose con fuerza a principios del siglo XX. Como respuesta a las alegaciones de que cada uno tiene su propia verdad, Schaeffer acuñó un término que ahora es muy usado: "la verdadera verdad", dando a entender que la verdad no es nuestra, sino que es únicamente de Dios. Para Francis

Schaeffer, la cosmovisión bíblica es la única que responde apropiadamente a todas las interrogantes de la vida. Él defendía que solo la fe cristiana tiene un sistema de valores consistente, que puede brindar respuestas coherentes a las preguntas universales que se hacen todos los seres humanos.

Otros autores contemporáneos que han escrito sobre el concepto de la cosmovisión son John Stott, James Sire, Charles Colson y Nancy Pearcey.

LAS PREGUNTAS MÁS IMPORTANTES ACERCA DE LA VIDA

Las cosmovisiones responden a las preguntas más profundas de la vida. Son aquellos cuestionamientos que todos nos hemos hecho en algún momento de nuestras vidas, ya sea cuando éramos niños, adolescentes, adultos o ancianos: ¿De dónde vengo? ¿Para qué estoy aquí? ¿Qué es bueno o es malo? ¿A dónde voy? ¿Quién soy? ¿Existe Dios? Si existe, ¿cómo es? ¿Cómo sé lo que sé? Y como esas, muchas otras más.

Preguntas acerca de la vida	
Origen	¿De dónde vengo?
Propósito	¿Para qué estoy aquí?
Moralidad	¿Qué es bueno y qué es malo?
Destino	¿Para dónde voy?
Identificación	¿Quién soy?
La última realidad	¿Existe Dios? Si existe, ¿cómo es?
Epistemología (método del conocimiento)	¿Qué es conocible? ¿Cómo sé lo que sé?
Axiología (valores)	¿Cómo debo vivir en el mundo? ¿Bajo qué reglas?

Hace un tiempo, una madre me comentaba que su pequeña de dos años le preguntó: "¿Mami, ¿yo soy buena?". La niña tenía solo dos añitos y ya se preguntaba: "¿Está Dios enojado conmigo?". La pequeña se está haciendo preguntas morales. Esa inquietud ya existía en ella, incluso a su temprana edad. De muchas otras preguntas y respuestas, hombres y mujeres irán construyendo su cosmovisión. Lo cierto es que durante toda la vida buscaremos, de manera consciente o inconsciente, las respuestas a esas interrogantes que llevamos dentro desde el nacimiento.

LOS ELEMENTOS DE UNA COSMOVISIÓN

Una cosmovisión debe hablar de estos conceptos claves de la existencia humana para responder a las preguntas más importantes de la vida:

1) Dios (Teología)

La teología de una persona determinará cómo concibe a Dios. La pregunta principal gira alrededor de su existencia, pero va más allá de esta idea. La teología en la cosmovisión de una persona no solo señalará su existencia o inexistencia, sino que también nos mostrará qué piensa en cuanto a la naturaleza y el carácter de Dios.

Este es el concepto más importante de una cosmovisión, porque el concepto que dos individuos tengan de Dios acercará o alejará sus cosmovisiones. Es obvio que esta respuesta separa completamente la cosmovisión de un ateo y un cristiano. Sin embargo, aun entre dos personas que creen en un ser superior, podremos ver algo o mucho de separación según el concepto más elaborado que tengan de Dios: ¿Es personal o una fuerza impersonal? ¿Es Dios benevolente? ¿Permisivo? ¿Justiciero? ¿Perdonador? ¿Indiferente? ¿Amoroso?

El concepto que tengamos de Dios afecta absolutamente todo. Mi teología determinará la manera en que respondo ante las situaciones más triviales, como cuando debo dar propina a un mozo, así como también afectará mi reacción cuando hay turbulencia en un avión o se me diagnostica una enfermedad grave. Si el Dios de mi cosmovisión es un Dios soberano, podré descansar en que aun en la aflicción, Él tiene todo el control. Si el dios de mi cosmovisión es impersonal o indiferente, mi esperanza estará puesta solo en mis recursos, los médicos o en mis esfuerzos por ser restaurado.

En la cosmovisión bíblica Dios,

- Es Creador de todo cuanto existe (Gn 1:1).
- Es transcendente: existe por encima de lo creado e independiente de la creación (Hch 17:24-28).
- Es inmanente: cercano a nosotros; en contacto con su creación (Is 57:15).
- Es soberano: tiene el poder y la autoridad de hacer lo que Él desea (Sal 115:3).
- Es bueno: en sí mismo (Lc 18:19) y en todo lo que hace (Gn 50:20; Sal 119:68).

2) El ser humano (Antropología)

La antropología de una cosmovisión habla de los orígenes y las características del ser humano. ¿Fue creado por Dios o surgió como fruto del azar producto de meras colisiones de átomos que fueron evolucionando durante millones de años?

La manera en que pensemos acerca de cómo surgieron los humanos también determinará mucho de cómo vivimos. ¿Existe un Hacedor a quien debemos todo? o ¿podemos vivir como queramos porque estamos aquí por puro azar? El valor que damos a la vida humana depende de si creemos en un Dios que nos hizo a su imagen y semejanza (Gn 1:26) o si pensamos que somos solamente el fruto de la evolución.

3) La realidad (Metafísica)

La metafísica es el estudio de la naturaleza, estructura, componentes y principios fundamentales de la realidad.[5] En consecuencia, la metafísica trata de explicar la realidad que nos rodea y sus características fundamentales.

La metafísica de una cosmovisión nos mostrará cómo entiende una persona el mundo que lo rodea y si cree que solo existe el mundo material —aquel que podemos percibir con nuestros sentidos— o si también existe un plano espiritual. Si existen, ¿fueron creados o existieron siempre?, ¿cuáles son sus características?, ¿cuál es nuestra posición en medio de esa realidad? Esta es, más bien, una disciplina de la filosofía y no realmente una ciencia. Pero por lo dicho anteriormente, entendemos que la metafísica guarda una cierta relación con la teología.

4) El conocimiento (Epistemología)

¿Cómo sé lo que sé? ¿Qué es el conocimiento? ¿Qué puede ser conocido? ¿Cuál es la relación entre la revelación y la razón? ¿Podemos confiar en nuestros sentidos? Todas estas son preguntas que corresponden a la epistemología, la rama de la filosofía que estudia el conocimiento.

La epistemología de la cosmovisión bíblica nos dice que podemos conocer a Dios a través de nuestro razonamiento, gracias a la revelación que Él nos ha entregado. Por otro lado, alguien que tenga una cosmovisión deísta, es decir, que cree en la existencia de un dios creador pero ausente y que no se ha revelado, dirá que dios está allá arriba, pero no ha mostrado nada especial de su naturaleza para que le conozcamos.

Como cristianos, creemos que Dios se ha revelado de manera general a todos los seres humanos (Sal 19:1-4; Ro 1:19-20). También se ha revelado de manera especial en la persona de su Hijo, en la Biblia y de múltiples otras maneras como son los milagros que atestiguan de su existencia. Además,

---

5. https://www.britannica.com/topic/metaphysics.

creemos que, al haber sido hechos a su imagen y semejanza, Dios dotó al ser humano con sentidos que le permiten ver y experimentar la realidad que le rodea y con una mente para interpretar la información que recibe y con un sentido de búsqueda (Pr 25:2).

5) Los valores (Axiología)

Finalmente, una cosmovisión no puede estar completa sin hablar de la moralidad. Todos hemos dicho en muchos momentos de nuestras vidas, "¡Eso no está bien!". Pero ¿cómo lo sabemos? ¿Cuáles son nuestras reglas de comportamiento? ¿Por qué esas reglas y no otras? Como creyentes en el Dios de la Biblia afirmamos que Dios ha puesto su ley en el corazón de los hombres (Ro 2), y luego nos dio en la Biblia su ley buena, santa y justa (Ro 7:12).

Las cosmovisiones que se basan en un entendimiento en donde lo único real es la materia, no podrán ser capaces de ofrecer respuestas para los dilemas morales. Si el ser humano ha sido formado al azar a partir de materia inerte, entonces podríamos preguntar, ¿por qué nos sentimos culpables cuando hacemos algo incorrecto? ¿Qué es correcto y por qué? La materia no es moral, no puede pensar, no es buena ni mala. Además, si es lo único que existe, ¿de dónde surgió nuestro concepto de la moralidad? Estas cosmovisiones naturalistas no tienen coherencia al tratar de explicar el aspecto moral del ser humano.

ALGUNAS OBSERVACIONES ACERCA DE LAS COSMOVISIONES

1) Mi cosmovisión impacta mi vida diaria.

Como ya hemos señalado, todos tenemos una cosmovisión, aunque muchos ni siquiera se percaten de su existencia. Aunque muchos no puedan articularla, cada persona vive su vida de acuerdo con dicha cosmovisión formada a lo largo de su vida.

La manera como tratamos a los demás también depende de nuestra cosmovisión. Para el hinduismo, por ejemplo, donde se cree que el sufrimiento es la manera de purificar el karma, no hay razón para tratar de sacar a otro de su dolor porque "si lo hiciéramos" le evitamos ascender a un nivel superior de karma para su próxima reencarnación. En cambio, el cristianismo nos llama a amar a otro como a ti mismo porque el prójimo es portador de la imagen de Dios. Cuando los cristianos lo hacemos, estamos reflejando a Cristo en nosotros. Esta acción no solo refleja el carácter de Dios formado, en parte, en nosotros, sino también nos abre una puerta para presentar el mensaje de salvación que llenaría la necesidad primaria del ser humano: la necesidad de una relación personal con el Dios Creador y Redentor.

2) Una cosmovisión debe explicar las experiencias de la vida de manera coherente.

Entre todas las cosmovisiones existentes, la cosmovisión que la Biblia nos ofrece es la que con mayor coherencia puede explicar la vida desde su origen hasta su destino final. A manera de ilustración, consideremos algunas culturas monistas (aquellas que reducen la vida y toda la creación a una sola realidad o sustancia única). Muchos hablan de que lo único que existe es el universo o una conciencia cósmica y que, al final, todo vuelve a esa sola sustancia. Otros hablan de que todo lo que "existe" es una extensión de Brahma, el dios creador, y que la vida independiente que vivimos, en realidad, solo representa una ilusión nuestra. En otras palabras, lo que percibimos con nuestros sentidos es simplemente una ilusión.

Según esta cosmovisión, en realidad, no estás leyendo este libro. Crees que lo estás leyendo, pero no es así. Todo es una ilusión. Esta creencia, pese a ser muy fuerte y sostenida por millones de personas, es inconsistente con nuestra experiencia diaria, como pudiera ser demostrado en caso de enfermedad:

"Si pienso que estoy enfermo, pero en realidad no lo estoy, ¿para qué voy al médico?". Si todo es una ilusión, ¿para qué mirar hacia un lado y hacia otro antes de cruzar una calle? Tendríamos que decir que no necesitas hacer tal cosa, porque si te atropella un carro, no debes preocuparte ya que, en realidad, el accidente no ocurrió… solo fue una ilusión. No podemos vivir de manera coherente con ese tipo de cosmovisión.

3) Dos cosmovisiones nunca son iguales entre sí.

Nuestra cosmovisión se va formando a lo largo de la vida, siendo influenciada directa e indirectamente por nuestros entornos, contextos y experiencias personales. Por lo tanto, nunca vas a encontrar dos cosmovisiones exactamente iguales entre sí. Esto sucede incluso entre cristianos conservadores que podrían pensar que cuentan con la misma cosmovisión. Sí, nuestras cosmovisiones tendrán muchas cosas en común, pero nunca serán exactamente iguales. Esto significa que debemos prestarle mucha atención a toda la información, explicación, valores y enseñanzas que vamos recibiendo por diferentes medios, las redes sociales y, por supuesto, nuestras propias circunstancias. Todas nuestras situaciones de vida nos llevan a querer explicarlas y a buscar una explicación de parte de ellas.

Todos venimos de países, hogares, educación, iglesias o religiones diferentes; tenemos amigos, cónyuges diferentes; hemos leído libros diferentes y hemos pasado por experiencias distintas. Como hemos dicho, cada encuentro impacta nuestra cosmovisión; incluso las personas que han sido criadas en el mismo hogar tendrán cosmovisiones distintas, aunque pudieran ser similares.

A continuación, les presento unas gráficas tomadas del libro *Worldviews in Conflict* [Cosmovisiones en conflicto] de Ronald H. Nash que explican cómo las cosmovisiones pueden ser similares o distintas.[6]

---

6. Ronald H. Nash, *Worldviews in Conflict* (Grand Rapids: Zondervan Publishing House, 1992), pp. 18-19.

Gráfica 1

Estos dos círculos pudieran representar las cosmovisiones de dos cristianos que asisten a una misma iglesia y que fueron educados de manera similar.

Gráfica 2

Estos dos círculos pudieran representar las cosmovisiones de dos cristianos: uno de teología reformada y otro de teología arminiana.

Gráfica 3

Estos dos círculos pudieran representar las cosmovisiones de dos personas: una cristiana y la otra atea.

4) Una cosmovisión es un metarrelato.

Un metarrelato es una gran historia que intenta explicar todas las demás historias. La cosmovisión cristiana es un metarrelato porque narra la gran historia de la humanidad desde el punto de vista de Dios, su creador, con introducción, desarrollo, clímax y desenlace —creación, caída, redención y glorificación— explicando así el mundo en que vivimos y la realidad de nuestra existencia.

Todas las cosmovisiones son metarrelatos, porque son narrativas que creemos para darle sentido a todas las demás historias que nos toca vivir.

5) Una cosmovisión pudiera involucrar más la emoción que el intelecto.

Vale la pena hacer la observación de que en las cosmovisiones de los individuos puede existir un gran componente emocional relacionado a lazos familiares y culturales. Muchas veces nos interesa más satisfacer nuestras emociones que ser lógicos y coherentes. No es tan fácil que una persona deje, por ejemplo, su formación católica para abrazar una fe protestante debido a la presión familiar, los vínculos afectivos y los elementos culturales que necesita dejar a un lado.

Podemos aferrarnos a una persona, tradición, idea, o cualquier otra cosa, y reaccionar con hostilidad cuando vemos que aquello que tanto amamos se ve amenazado. Los seres humanos somos idólatras por naturaleza.

Hace tiempo recibí una llamada de un número desconocido. Respondí el teléfono:

—"Hola, ¿en qué le puedo ayudar?"

—"¿Usted es el pastor Núñez?"

—"Sí", respondí.

—"Mire", dijo la voz, "no se meta con la virgen, ¿escuchó?". Colgó el teléfono sin esperar una respuesta de mi parte.

Esta persona estaba respondiendo emocionalmente a algo que probablemente yo había enseñado. Es evidente que la devoción a la virgen no era algo meramente intelectual para esa persona, sino que tiene un aspecto emocional que influye sobre él de manera poderosa, y le hace reaccionar al percibir que se cuestiona esa creencia particular.

Los humanos nos aferramos a lo que nos han enseñado o a lo que nosotros mismos hemos decidido reconocer como verdad. Algunas creencias están tan arraigadas en la cultura de nuestro país o denominación, que arrancarlas provocaría un gran conflicto emocional en nuestro interior, aun si se demuestra que son ilógicas y falsas.

Esta idolatría emocional hace que muchos usen la Biblia para respaldar sus cosmovisiones preconcebidas. En lugar de que la Biblia les entregue sus grandes respuestas y nos sometamos a ellas, algunos prefieren tomar de aquí y de allá, buscando justificar sus antiguas creencias. Ninguno de nosotros estamos exentos de cometer este error, por lo que debemos acercarnos a las Escrituras en una continua actitud de humildad, pidiéndole al Señor que nos dé oídos para oír lo que Él ha dicho, no lo que nosotros quisiéramos escuchar.

NO INTELECTUALICEMOS LA FE

Estudiar las distintas cosmovisiones nos ayuda entender mejor la manera en que las personas perciben el mundo y responden a las preguntas más importantes de la vida. Sin embargo, debemos tener cuidado de no exagerar la importancia de este concepto.

Fui invitado, junto con misioneros de una de las denominaciones más reconocidas, a una semana de instrucción sobre cosmovisiones hace algunos años. Este grupo de hermanos había llegado a la conclusión de que el evangelismo no había sido más efectivo porque no conocíamos cuáles eran las cosmovisiones de los individuos. Se gastó una enorme cantidad de dinero en investigaciones y se exigió a los misioneros que presentaran un reporte de la cosmovisión de las personas en el lugar donde servían, y que tuvieran mucha claridad de su propia cosmovisión. No dudo que conocer cómo la gente piensa nos ayudará a acercarnos a ellos y a entender mejor cómo presentar el evangelio. Pero su conversión depende exclusivamente del poder del evangelio y el mover del Espíritu de Dios.

El error de estos hermanos preocupados genuinamente por alcanzar a los perdidos fue ignorar el poder de la cruz o el poder del evangelio. El evangelio es "el poder de Dios para la salvación de todo el que cree, del judío primeramente y también del griego" (Ro 1:16). Dios ha estado obrando para la redención de su pueblo desde mucho antes que existiera el concepto de lo que es una cosmovisión. No pensemos que el mero hecho de entender intelectualmente a una persona nos dará la capacidad de "convertirlo". Este es un principio fundamental que no debemos olvidar conforme avancemos en este libro. Entender las cosmovisiones es útil, pero el evangelio de Cristo es lo único que tiene poder para salvar.

LA COSMOVISIÓN VERDADERA

Afirmo con absoluta convicción que la cosmovisión cristiana es *la* cosmovisión verdadera, no meramente una cosmovisión más entre muchas otras opciones. No es un conjunto de creencias que puedes tomar o dejar para intentar enriquecer tu vida. El cristianismo es *la* verdad de Dios revelada en la Biblia. Las otras cosmovisiones —que no tienen su fuente en las Escrituras— son las que empobrecen a la humanidad. Por eso debemos construir nuestra cosmovisión a partir de un estudio cuidadoso de la Biblia; debemos acercarnos al texto bíblico con humildad, buscando que nos moldee en lugar de intentar moldearlo a nuestra conveniencia.

Como lo dijimos al inicio, todos los seres humanos están buscando la respuesta a las preguntas más importantes de la vida: ¿De dónde vengo? ¿Para qué estoy aquí? ¿Qué es bueno y qué es malo? ¿Para dónde voy? ¿Quién soy? ¿Existe Dios? Si existe, ¿cómo es? ¿Qué es conocible? ¿Cómo sé lo que sé? El cristianismo es la única cosmovisión que tiene respuestas satisfactorias y coherentes para cada una de estas interrogantes. Sin embargo, el mundo es hostil a nuestra fe y trata de ridiculizarla. Usted y yo hemos sido llamados a dar razón de lo que creemos (1 P 3:15); hemos sido llamados a contender ardientemente por la verdad "que de una vez para siempre fue entregada a los santos" (Jud 3).

CAPÍTULO DOS

¿QUÉ ES LA APOLOGÉTICA?

DEFENDIENDO LA FE

EL LLAMADO A HACER APOLOGÉTICA

Este término produce diferentes reacciones entre los cristianos. Algunos lo vinculan a un predicador muy capaz o a un profesor de seminario hablándole a un auditorio lleno de estudiantes brillantes. Otros imaginan a un evangelista defendiendo la veracidad de su fe en medio de incrédulos en un lugar público. Lo que quiero decir es que, para muchos, la apologética es un ejercicio básicamente intelectual y solo para unos pocos.

Eso es un error. La apologética no es una opción para el cristiano ni tampoco es algo solo para unos pocos intelectuales. No es una tarea de unos cuantos apasionados por el evangelismo o la exposición de la Palabra. La apologética —la defensa de la fe— es un llamado para todos los cristianos.

Las Escrituras mismas nos exhortan a defender la verdad:

"Amados, por el gran empeño que tenía en escribirles acerca de nuestra común salvación, he sentido la

necesidad de escribirles exhortándolos a luchar ardientemente por la fe que de una vez para siempre fue entregada a los santos" (Jud 1:3).

El llamado de Judas no es solo a defender la fe, sino también a luchar vigorosamente por la fe. Otras versiones dicen
"contender ardientemente". Es un llamado a hacer una apologética o defensa apasionada. El apóstol Pedro también nos
llama a prepararnos para hacer apologética en medio de una
sociedad que se opone al cristianismo:

> "sino santifiquen a Cristo como Señor en sus corazo-
> nes, estando siempre preparados para presentar defen-
> sa ante todo el que les demande razón de la esperanza
> que hay en ustedes. Pero háganlo con mansedumbre
> y reverencia, teniendo buena conciencia, para que en
> aquello en que son calumniados, sean avergonzados
> los que hablan mal de la buena conducta de ustedes en
> Cristo" (1 P 3:15-16).

Con el auge de las redes sociales y otras tecnologías de
información, podríamos pensar que la apologética es una
moda entre los creyentes. Lo cierto es que la defensa de la fe
es una práctica importante desde el inicio de la Iglesia, un par
de milenios antes de los canales de YouTube, el Twitter y las
páginas de Facebook. No es algo que se haya inventado en
los últimos años.

¿QUÉ ES LA APOLOGÉTICA?

En la antigüedad, la palabra apología (del griego "ἀπολογία"
[hablar en defensa]) era el término para referirse a una defensa legal en una corte.[7] El que hace una apología utiliza la

---

7. Concordancia Strong, #627.

razón y evidencias para respaldar sus argumentos. El rol del apologista cristiano es el mismo: defender lo que sabe que es cierto, usando las verdades de las Escrituras.

Hacer apologética es un mandato de parte de Dios del que no podemos excusarnos o eximirnos. No todos somos llamados a dedicarnos a la apologética de tiempo completo, pero sin duda alguna debemos estar listos para presentar respuestas cuando seamos confrontados por nuestra fe. Todos debemos ser capaces de defender lo que creemos delante de todo aquel que nos pida una explicación. Todos debemos ser capaces de dar razones de por qué creemos lo que decimos creer.

LOS PRIMEROS APOLOGISTAS

1) Dios

Si definimos la apologética como la defensa de la fe que presenta evidencias razonables, podemos decir que Dios mismo es el primer y principal apologista.

Aunque el Señor no necesita demostrarle nada a nadie, en su soberana voluntad ha decidido revelarse y presentar evidencias de su existencia a la humanidad. El simple hecho de que haya un universo habla de la existencia de Alguien superior al universo: "En el principio Dios creó los cielos y la tierra" (Gn 1:1). Si algo tiene un comienzo, debe tener una causa, y esa causa es el Señor. David nos dice que los cielos cuentan la gloria de Dios y que un día le dice a otro acerca de su existencia (Sal 19). Pablo expone que "desde la creación del mundo, Sus atributos invisibles, Su eterno poder y divinidad, se han visto con toda claridad, siendo entendidos por medio de lo creado, de manera que ellos no tienen excusa" (Ro 1:20). Ahí está la defensa. Dios mismo nos dice que no tenemos excusa para negar su existencia. Como si esto fuera poco, el Señor hace apologética a través del testimonio de nuestra conciencia (Ro 2:14-15).

Dios el Hijo, Jesús, también ofreció evidencias de su identidad cuando caminó entre nosotros. Juan nos dice en su evangelio que Cristo presenta cinco testigos que hablan a favor de quien Él es: Juan el Bautista, su propia obra, el Padre, las Escrituras y Moisés:

"Otro es el que da testimonio de Mí, y Yo sé que el testimonio que da de Mí es verdadero.

»Ustedes han enviado a preguntar a **Juan,** y él ha dado testimonio de la verdad. Pero el testimonio que Yo recibo no es de hombre; pero digo esto para que ustedes sean salvos. Él era la lámpara que ardía y alumbraba, y ustedes estaban dispuestos a regocijarse por un tiempo en su luz.

»Pero el testimonio que Yo tengo es mayor que el de Juan; porque **las obras** que el Padre me ha dado para llevar a cabo, las mismas obras que Yo hago, dan testimonio de Mí, de que el Padre me ha enviado. **El Padre** que me envió, Él ha dado testimonio de Mí. Pero ustedes no han oído jamás Su voz ni han visto Su apariencia. Y Su palabra no la tienen morando en ustedes, porque no creen en Aquel que Él envió. Ustedes examinan **las Escrituras** porque piensan tener en ellas la vida eterna. ¡Y son ellas las que dan testimonio de Mí! Pero ustedes no quieren venir a Mí para que tengan esa vida.

»Yo no recibo gloria de los hombres; pero a ustedes ya los conozco, que no tienen el amor de Dios. Yo he venido en nombre de Mi Padre y ustedes no me reciben; si otro viene en su propio nombre, a ese recibirán. ¿Cómo pueden creer, cuando reciben gloria los unos de los otros, y no buscan la gloria que viene del Dios único?

»No piensen que Yo los acusaré delante del Padre; el que los acusa es Moisés, en quien ustedes han puesto su esperanza. Porque si creyeran a **Moisés,** me creerían a Mí, porque de Mí escribió él" (Jn 5:32-46, énfasis míos).

Vemos a Cristo defendiendo su misión presentando evidencias razonables. Jesús está haciendo apologética de su ministerio. El pueblo de Dios esperaba al Mesías anunciado y Cristo estaba haciendo apologética delante de ellos al entregar un testimonio confiable de que Él es el Rey prometido.

2) Pedro

Dios no es el único apologista que encontramos en las Escrituras. Observemos el inicio del primer sermón de Pedro durante el día inaugural de la Iglesia en Pentecostés:

> "Entonces Pedro, poniéndose en pie con los once apóstoles, alzó la voz y les declaró: «Hombres de Judea y todos los que viven en Jerusalén, sea esto de su conocimiento y presten atención a mis palabras" (Hch 2:14).

El apóstol Pedro hace inmediatamente después una defensa histórica partiendo desde el anuncio del Mesías que habría de venir hasta su llegada en la persona de Jesús, su muerte y resurrección (Hch 2:14-36). ¿Cuál fue el resultado de esta explicación racional sobre lo que estaba sucediendo en Pentecostés? Tres mil personas se unieron a la iglesia.

> "Al oír esto, conmovidos profundamente, dijeron a Pedro y a los demás apóstoles: «Hermanos, ¿qué haremos?»" (v. 37).

Esta es la misión del apologista. Nuestro objetivo no es humillar a otros ni ganar argumentos; la meta de la apologética es presentar evidencia que, en el poder y bajo la dirección del Espíritu Santo, lleve a una profunda convicción de pecado en los que han escuchado que los lleve al arrepentimiento y a una relación salvífica con Jesucristo.

3) Pablo

Pablo fue un apologista extraordinario. A lo largo de todo el Nuevo Testamento podemos ver cómo argumenta con frecuencia delante de sus opositores y defiende apasionadamente la fe cristiana. El apóstol invirtió mucho tiempo corrigiendo a los que estaban equivocados usando evidencias racionales. Él definió su estrategia de la siguiente manera:

> "Porque las armas de nuestra contienda no son carnales, sino poderosas en Dios para la destrucción de fortalezas; destruyendo especulaciones y todo razonamiento altivo que se levanta contra el conocimiento de Dios, y poniendo todo pensamiento en cautiverio a la obediencia de Cristo" (2 Co 10:4-5).

¿Cómo es que Pablo destruía las especulaciones necias de sus adversarios? Razonando, argumentando, presentando evidencias, derribando todo razonamiento altivo y toda especulación orgullosa que niega al Señor y todo aquello que Él ha revelado. No tenemos otra arma más que la verdad de Dios. Por eso, en la armadura de Dios descrita por Pablo en su carta a los Efesios (cap. 6), el instrumento ofensivo en toda la armadura es la espada del Espíritu que no es otra cosa que la Palabra de Dios o su verdad.

Lucas nos presenta cómo Pablo estaba dedicado a la apologética (Hch 17). Leemos que el apóstol "por tres días de reposo discutió con ellos [los judíos] basándose en las Escrituras, explicando y presentando evidencia de que era necesario que el Cristo padeciera y resucitara". El texto nos dice que esto "según su costumbre" (v. 2). La defensa de la fe no era algo que Pablo hacía en ocasiones especiales, sino que formaba parte de su ministerio regular (Hch 17:17; 18:4; 19:8-9).

No solo eso, Pablo también exhortó a Tito, su hijo en la fe, a seguir su ejemplo: "[El anciano] Debe retener la palabra fiel que es conforme a la enseñanza, para que sea capaz también de exhortar con sana doctrina y refutar a los que contradicen" (Tit 1:9). Por supuesto, no podemos olvidar su formidable trabajo apologético en la epístola a los Romanos.

En Pablo vemos todas las características de un apologista bíblico fiel porque,

- Domina la revelación de Dios.
- No es una persona fácil de intimidar.
- Posee una pasión por la verdad de Dios.
- Es aguerrido, pero a la vez sabe ser manso y humilde.
- Cree firmemente en el poder del evangelio para derribar fortalezas.
- No se avergüenza de nada de lo que Dios ha revelado.
- Tiene un alto concepto de Dios y su Palabra.

Pablo reunía todas esas características. El apóstol nos muestra con su vida y ministerio la manera en que debemos cumplir el llamado que todos tenemos de defender aquello que hemos creído.

4) Los padres de la Iglesia

Los líderes de los inicios de la Iglesia, que ministraron luego del liderazgo de los apóstoles, siguieron el ejemplo de nuestro Señor y los apóstoles, defendiendo la fe cuando se levantaban argumentos en contra de ella. Entre los principales podemos encontrar a:

- **Justino Mártir (100-168 d. C.):** Escribió una defensa de la fe cristiana dirigida al emperador romano Antonino Pío y a sus hijos. Se le considera uno de los primeros apologistas cristianos.
- **Tertuliano (155-240 d. C.):** Fue un escritor prolífico. Entre sus obras se encuentra *Adversus Praxeam*, en la que refuta a Práxeas, quien enseñaba que el Padre, el Hijo y el Espíritu Santo no eran personas distintas.
- **Agustín de Hipona (354-430 d. C.):** Teólogo y filósofo, entre sus obras más destacadas está *La ciudad de*

Dios, en la que contrasta la llamada ciudad de Dios
(que representa al cristianismo) con la ciudad pagana
(que representa el pecado).

Agustín enfatizó que la vida tenía que orientarse hacia
arriba; sin embargo, Agustín mismo no pudo escapar de
algunas influencias filosóficas griegas. Posteriormente, Tomás
de Aquino se vio influenciado por la teología de Agustín y
tampoco pudo escapar de la influencia de la filosofía griega. Algunos de los reformadores, como Juan Calvino, fueron
ampliamente influenciados por Agustín. Lo que quiero señalar con estos ejemplos es que la fe cristiana siempre ha vivido
bajo una cierta tensión entre lo que verdaderamente es su
cosmovisión y lo que no es.

Por supuesto, la Iglesia ha contado con muchísimos otros
apologistas a lo largo de su historia. Estos tres personajes,
correspondientes a los cuatro primeros siglos, simplemente
nos recuerdan que, desde sus inicios, los cristianos estuvieron
listos para defender la fe ya que ha sido desafiada y sigue
siendo combatida por ideologías contrarias a la verdad.

Podríamos citar, a manera de ilustración, a otros personajes históricos que continuaron con la tarea de la defensa de la
fe en diferentes períodos:

Anselmo de Canterbury (1033-1109): el primer gran
teólogo de la Edad Media. Considerado como el padre
del escolasticismo. Su libro *¿Por qué el Dios-hombre?*,
fue escrito para defender la necesidad de la encarnación y la crucifixión de Cristo el año 1095. Hasta esa
época la teoría predominante era que la raza humana
tenía una deuda moral que pagarle a Satanás, por lo
que Anselmo defendió y estableció para siempre que
la deuda que el ser humano tenía era contra Dios. Él
defendió la idea del sacrificio sustitutivo de Jesús en la
cruz como una acción necesaria para restablecer la paz
con Dios.

Tomás de Aquino (1224-1274): considerado uno de los más grandes teólogos de la época medieval; autor de la famosa obra *Suma Teológica*, de cinco volúmenes, donde postula que uno puede probar la existencia de Dios a través de cinco maneras distintas, todas racionales. 'Yo no necesito la Biblia para probar que Dios existe' decía Aquino, y emprende este trabajo titánico de probar la existencia de Dios. *La Suma Teológica* de Aquino es uno de los más grandes logros del pensamiento occidental.

Aquino estaba comprometido con la autoridad de la Biblia, sin embargo, él quería también encontrar espacio para Aristóteles porque el filósofo de la antigüedad insistía mucho en el mundo de la razón, lo que tú puedes encontrar por la razón como ser humano, lo que puedes descubrir haciendo uso de la razón en este mundo. Hasta que Tomás de Aquino hace su entrada en la historia, básicamente la idea era que la razón debía ser usada predominantemente al servicio de Dios y la fe cristiana. Aquino afirma que la razón está supeditada a la fe, a Dios, pero la vamos a usar predominantemente para analizar los fenómenos y las leyes naturales de este mundo.

Agustín dice que la razón era un instrumento para explicar la fe cristiana, la relación con Dios. Tomás de Aquino dice no, la razón está supeditada a la fe, pero tiene que ser usada predominantemente para este mundo. Entonces, a partir de Tomás de Aquino se empieza a observar una influencia cada vez mayor en el pensamiento humano y menos en el aspecto sobrenatural de nuestra fe.

Sin embargo, la fe y la razón no pertenecen a polos opuestos o contradictorios de la experiencia humana. La razón es la habilidad de pensar, entender, discernir, descubrir, juzgar y demostrar algo. La fe, desde el punto de vista cristiano, por otro lado, es la confianza depositada en alguien (Dios) o en algo (su revelación). El primer mandamiento de la ley de Dios nos enseña: "Amarás al Señor tu Dios con todo tu corazón, con toda tu alma, y con **toda tu mente**. (Mt 23:37, énfasis añadido).

La razón precede a la fe (al escuchar y entender la Palabra);

PERO

La razón no produce fe; esto es un acto del Espíritu de Dios; un don de Dios (Ef 2:8-9).

Unos años después del tiempo de Aquino, aparecieron los teólogos de la Reforma. Martín Lutero y Juan Calvino son los más conocidos reformadores que defendieron la fe con vehemencia mostrando una clara oposición a la teología católica romana de la época. El énfasis primario de los teólogos y apologistas de la fe cristiana de corte reformado ha estado en la revelación bíblica, sin dejar de lado a la razón.

Desde esa época hasta ahora, tenemos una lista interminable de defensores de la fe entregada a los santos de una vez y para siempre (Jud 3).

LOS REQUISITOS DEL APOLOGISTA

Si todos somos llamados a la defensa de la fe, ¿cómo obedecemos este mandato? Si estudiamos con detenimiento los pasajes que hemos mencionado anteriormente, y en especial el texto de 1 Pedro 3:15, tendremos algunas ideas de los requerimientos básicos que Dios establece para sus apologistas.

1) Obediencia

Pedro comienza diciendo "santifiquen a Cristo como Señor en sus corazones" (1 P 3:15a), para luego mencionar en la segunda parte del versículo la necesidad de defender la esperanza que hay en nosotros. El apóstol Pedro nos dice que lo primero que necesito antes de defender la Palabra es creer y vivir conforme al señorío de Cristo. Una persona que pretenda defender la fe cristiana sin someterse al señorío de

Cristo es un muy mal apologista. Este "defensor" no tendrá el respaldo de Dios ni la autoridad del Espíritu Santo para hacer un trabajo que requiere una completa dependencia del Señor. Si queremos defender la fe, debemos tener una vida de obediencia. Intentar hacer apologética de algo que no estoy viviendo es una contradicción.

2) Conocimiento

Si no conozco lo que creo y las razones por las que creo, ¿cómo voy a contender ardientemente por ello? Simplemente no voy a poder defender bien lo que conozco a medias. Esta es una de las razones por las que muchas veces preferimos callar antes que presentar una defensa de nuestras convicciones que el Señor nos llama a defender, porque no tengo el conocimiento que se requiere para explicar qué es lo que creo y por qué lo creo. Bien dijo el apóstol Pablo a Timoteo: "Procura con diligencia presentarte a Dios aprobado, como obrero que no tiene de qué avergonzarse, que **maneja con precisión** la palabra de verdad" (2 Ti 2:15, énfasis mío).

Dios desea que yo estudie continuamente la Palabra para que pueda presentar defensa de aquello que se me cuestione o reclame, y que lo pueda hacer en el mismo momento que se me demanda. El texto de Pedro nos dice que debemos estar "siempre preparados". Debo estar listo para responder hoy, no tres días después. Por lo tanto, necesito ser un conocedor de las Escrituras, que tenga la habilidad de manejarla con precisión.

3) Valor

No es suficiente que el apologista crea con cierta propiedad y conozca con cierta profundidad aquello que dice creer. No basta con afirmar el cristianismo con cierta timidez y sentirse confiado con lo que uno cree de manera íntima y reservada. El apologista necesita *defender* lo que cree ("para presentar defensa", dice Pedro) en la arena pública. Necesita ser una persona valiente que tenga el coraje para enfrentar a sus opositores.

Se nos llama a responder a "todo aquel" que nos pida razón. El demandante puede estar en la oficina, la iglesia, las reuniones familiares, entre nuestros amigos, compañeros de estudios, vecinos, un foro público o en cualquier otro lugar. Debemos estar dispuestos a presentar nuestra defensa, aunque sea incómodo hacerlo y haya una fuerte oposición.

Ser valiente va muy de la mano con estar siempre preparado. Yo no puedo tener la valentía para defender algo que me hace vacilar porque no lo conozco bien. Cuando hay algo que no conozco apropiadamente, esa vaguedad hace que me sienta intimidado de inmediato. El apóstol Pablo estaba consciente de esta condición y por eso les escribió a los efesios lo siguiente:

"Oren también por mí, para que me sea dada palabra al abrir mi boca, a fin de dar a conocer **sin temor** el misterio del evangelio, por el cual soy embajador en cadenas; que al proclamarlo hable **sin temor**, como debo hablar" (Ef 6:19-20, énfasis mío).

Pablo estaba consciente de que la valentía es algo que Dios entrega a sus siervos y por eso pedía oración para que le fuera dada palabra y para poder proclamar esa palabra sin temor alguno.

¿Quieres tener más denuedo? ¡Conoce las Escrituras! ¡Vive la Palabra! ¡Ora y pide oración!

4) Humildad

Algunos tienen mucho valor para defender la fe, pero carecen de **mansedumbre**. Exhiben cierto sentido de superioridad delante de sus opositores, y hasta pareciera que su intención es acabar con ellos en vez de ganarlos para Cristo. El problema es que, si te falta humildad, no importa el denuedo que tengas, las personas no estarán dispuestas a escucharte. En el mismo sentido, la falta de humildad empaña el carácter de Cristo en nosotros y debilita nuestra defensa. Por eso el llamado de Pedro es a presentar defensa con mansedumbre.

Pedro nos llama a defender la fe recordando que nuestra actitud benigna demostrará que no nos creemos dueños de la verdad, sino que la Verdad misma, Jesucristo, está por encima de nosotros. Nosotros no somos la autoridad final, sino Dios. Por lo tanto, tenemos que hacer apologética bajo su dirección y señorío. Es fácil afirmar esto en teoría, pero la manera en que hablemos a los que demanden razón de nuestra fe revelará si realmente somos humildes o si solo queremos tener la razón.

5) Reverencia por la Palabra

El apologista fiel defiende la fe con reverencia, mostrando un profundo respeto hacia Dios y su Palabra. Pedro nos dice que esa defensa de la fe debe ser hecha no solo con mansedumbre, como ya mencionamos, sino también con reverencia. Un apologista que complace a Dios no solo conoce las Escrituras, sino que además las reconoce como sagradas y tiene el cuidado de presentarla con fidelidad. En el mismo sentido, sabe que debe tratar ese mensaje con respeto porque está comunicando el mensaje de Dios en nombre de Dios. No es solo un asunto de ideas, ideologías y pensamientos, sino del glorioso mensaje de salvación en Jesucristo, el evangelio.

Habrá ocasiones en las que tengamos que decir con absoluta sinceridad, "Con respecto al tema del que me estás preguntando, la Palabra no revela nada". Eso está bien y demuestra que estás sujeto a lo que la Palabra dice y no a ganar una contienda intelectual. Hay cosas que pertenecen al consejo secreto de Dios (Dt 29:29). Nunca debemos eliminar o añadir a las Escrituras, ni tampoco torcer sus palabras a nuestra conveniencia.

No lo olvides: Al hacer apologética estás representando al Dios tres veces Santo. Sé cuidadoso en tu defensa de la fe y no peques al tratar de ganar simplemente un debate.

LA TAREA DEL APOLOGISTA ES NUESTRA TAREA

En su libro *The Justification of Knowledge* [La justifica-
ción del conocimiento] Robert Raymond presenta las cuatro tareas claves con las que el apologista cristiano debe
trabajar:

(1) Responder a las objeciones.
(2) Establecer los fundamentos de la fe cristiana.
(3) Contradecir los sistemas anticristianos y
(4) Persuadir a la gente de la veracidad de la fe cristiana.[8]

Pablo cumple con cada una de estas tareas en el Nuevo
Testamento. Por ejemplo, en su carta a los Romanos, expone
los fundamentos del cristianismo desde la existencia de Dios,
pasando por la caída y la santificación hasta concluir en la
glorificación de los creyentes. También anticipa y responde
a los contraargumentos que su disertación pudiera levantar
(Ro 9:18-20). En ambos casos, responde a las dos primeras
tareas claves de Raymond.

Pablo nunca pensó que la tarea de apologista estaba reservada exclusivamente para él o para algún otro apóstol. Él
también nos llama a que todos los cristianos participemos
en esta tarea. Como le escribió a los corintios: "destruyen-
do especulaciones y todo razonamiento altivo que se levanta
contra el conocimiento de Dios, y poniendo todo pensamiento en cautiverio a la obediencia de Cristo" (2 Co 10:5). Pablo
está afirmando con claridad que debemos contradecir los sistemas anticristianos, mostrando sus errores y exponiendo la
verdad. Debemos estar atentos a esas mentiras sutiles que nos
rodean en todo tiempo y responder a ellas con las verdades
de las Escrituras.

---

8. Robert Raymond, *The Justification of Knowledge: An introductory study in
Christian Apologetic Methodology* (Phillipsburg, NJ: Presbyterian & Reformed,
1976), pp. 5-7.

Finalmente, Raymond habla de que la apologética cristiana es un trabajo persuasivo. La persuasión se entiende como el proceso mediante el cual se induce o mueve a una persona a través de razones para que crea o haga algo.

Una vez estuve en un foro con otro charlista, quien al tomar la palabra luego de que terminó mi participación dijo: "Bueno, yo vengo desde otro ángulo. Yo no quiero convencer a nadie de lo que yo creo". Aunque sonaba muy noble, si yo no busco persuadir a otros con la verdad, ¿qué estoy haciendo? Mi deseo es que otros puedan conocer a la persona de Jesús y encontrar en Él salvación y vida eterna. Yo no puedo hacer eso sin presentar el evangelio en toda su grandeza y tratando de convencer a la persona de su necesidad de arrepentimiento y perdón de pecados. Pablo no solo era un presentador de evidencias con respecto a sus creencias que explicaba a través de las Escrituras, él buscaba también persuadir a sus oyentes, tal como Lucas lo ilustró mientras narraba el ministerio del apóstol:

> "Y discutía en la sinagoga todos los días de reposo, tratando **de persuadir** a judíos y a griegos" (Hch 18:4, énfasis mío).

> "Y habiéndose fijado un día, vinieron en gran número adonde él se alojaba. Desde la mañana hasta la tarde les explicaba testificando fielmente sobre el reino de Dios, procurando **persuadirlos** acerca de Jesús, tanto por la ley de Moisés como por los profetas" (Hch 28:23, énfasis mío).

Estos pasajes nos muestran que para Pablo no era como ir a dar una clase y luego irse para su casa, sino que permanecía respondiendo preguntas y testificando con fidelidad "desde la mañana hasta la tarde". Al igual que en nuestro caso, Pablo no llegaba a convencer a todos sus oyentes. Por el contrario, como lo dice Lucas, "Algunos eran persuadidos con lo que se decía, pero otros no creían" (Hch 28:24). Lo que le tocaba a Pablo era predicar con pasión y persuasión, el convencimiento lo da el Espíritu Santo.

UNA ADVERTENCIA FINAL

Desde la Ilustración del siglo XVIII, la razón humana se ha vuelto la protagonista del mundo de las ideas. La fe, por otro lado, ha quedado relegada al ámbito privado. Los pensadores del "Siglo de las Luces" tenían la esperanza de que la ciencia terminaría explicando por completo la naturaleza y proveería el poder necesario para conquistarla, resolviendo así todos los problemas de la humanidad. La práctica religiosa, incluyendo el cristianismo, comenzó a cuestionarse y comenzó a denigrarse de la mano de la pluma de los escépticos.

Sin embargo, tres siglos después y sin negar la inagotable capacidad humana para alcanzar una inmensidad de avances científicos y tecnológicos que han producido un enorme bienestar en toda la humanidad, los grandes problemas fundamentales de la humanidad continúan. Como dice una frase muy popular, "el corazón del problema es el problema del corazón". La Biblia no está en contra de la razón ni de la ciencia, que también forman parte de la sabiduría, conocimiento y providencia de Dios, pero sí nos dice que estas no son suficientes para salvar a los seres humanos, ni para explicar todas nuestras interrogantes. El gran problema sin resolver de hombres y mujeres es espiritual, y no hay ciencia ni tecnología que responda a la realidad sombría de que, "No hay nadie quien entienda, no hay quien busque a Dios" (Ro 3:10-11). Ni los argumentos mejor elaborados y los discursos más elocuentes del mejor apologista del mundo podrán cambiar esta realidad.

Los creyentes están llamados a defender su fe ante los embates de las ideologías de moda que niegan la verdad de la Palabra y se oponen al señorío del Dios verdadero. Pero no podemos cometer el error de pensar que la respuesta a los problemas del mundo está por completo en las manos de la apologética. No, la única respuesta es el **evangelio de Jesús**. La fe es un don de Dios (Ef 2:8-9), no el resultado de una discusión racional llena de argumentos. La razón *precede* a la fe, pero la razón no *produce* la fe. Alguien puede escuchar los argumentos a favor del cristianismo y responder afirmando que tienen mucho sentido, sin que eso signifique que abraza realmente la fe y se arrepiente de sus pecados. Necesitamos ser iluminados por Dios, nuestros ojos necesitan ser abiertos por el Espíritu Santo para ver nuestra necesidad de salvación. Eso es un don del Señor producto de su sola gracia. No debes olvidar nunca que, "la palabra de la cruz es necedad para los que se pierden, pero para nosotros los salvos es poder de Dios" (1 Co 1:18).

¿Significa eso que no es importante la apologética? De ninguna manera. La apologética nos ayuda a presentar el mensaje del evangelio con fidelidad, removiendo las excusas de los incrédulos, exponiendo los corazones rebeldes y fortaleciendo la fe de los creyentes. Todo ese esfuerzo apologético descansa en el entendimiento de que solo Dios tiene el poder de iluminar los corazones. Eso nos ayuda a descansar, sabiendo que la salvación de las almas no depende de nuestra habilidad para presentar evidencias, sino de la misericordia de Aquel que nos llamó de las tinieblas a su luz admirable (1 P 2:9).

SEGUNDA SECCIÓN

PREGUNTAS FUNDAMENTALES

CAPÍTULO **TRES**

¿DE DÓNDE VENGO?

DIOS Y MI ORIGEN

NO ESTAMOS AQUÍ POR ACCIDENTE

Las primeras páginas de la Biblia responden claramente muchas de las preguntas más profundas del corazón humano: ¿De dónde vengo? ¿Cómo llegué hasta aquí? ¿Cuál es mi identidad? Las palabras de la Biblia son sumamente claras:

"Dios creó al hombre a imagen Suya, a imagen de Dios lo creó; varón y hembra los creó" (Gn 1:27).

No estamos aquí por accidente. Esta explicación de nuestro origen no es la que ofrece la evolución naturalista, que afirma que somos fruto de la casualidad luego de que átomos chocarán al azar entre sí durante miles de millones de años. Tampoco es la explicación del panteísmo que afirma que todo es "dios" y nosotros somos una extensión de Brahma, el dios hindú supremo que es considerado como la base definitiva de todo ser. Por el contrario, según la cosmovisión cristiana, tú y yo estamos aquí porque Dios nos creó. Nuestro origen es el origen de todo lo demás en el universo: el Dios Trino.

Juan Calvino escribió: "El hombre nunca llega al conocimiento de sí mismo, si primero no contempla el rostro de Dios y, después de haberlo contemplado, desciende a considerarse a sí mismo".[9] Para empezar a explorar nuestro origen, necesitamos iniciar este proceso poniendo los ojos en Aquel en quien estuvo nuestro origen. Entonces, la primera pregunta que debemos responder es, ¿Cómo es Dios, el Creador? El profeta Jeremías escribió acerca de Él: ¡Ah, Señor Dios! Ciertamente, Tú hiciste los cielos y la tierra con Tu gran poder y con Tu brazo extendido. Nada es imposible para Ti" (32:17). El Dios de la Biblia es omnipotente. Él habló y el universo fue creado, ex nihilo, de la nada (ver Heb 11:3).

Que contemplemos a este Dios tan poderoso y luego nos veamos a nosotros mismos hará que surjan muchas otras inquietudes. Por ejemplo, una de ellas sería, ¿por qué Él crearía humanos como yo? Muchos padres —quizá la mayoría o tal vez todos, en alguna medida— podrían haber tenido a sus hijos por motivaciones egoístas. A veces es el resultado de la presión social, en ocasiones es producto del temor a quedar solo cuando se llegue a ser anciano, o quizá por la simple necesidad de sentirse amado. Dios no nos creó por motivaciones egoístas. Él no tenía necesidad de amar ni de ser amado. Él no tenía ninguna carencia antes de que el universo existiera. Él está y continúa estando completamente satisfecho en sí mismo por toda la eternidad, como vemos expresado en este pasaje:

"El Dios que hizo el mundo y todo lo que en él hay, puesto que es Señor del cielo y de la tierra, no mora en templos hechos por manos de hombres, ni es servido por manos humanas, como si necesitara de algo, puesto que Él da a todos vida y aliento y todas las cosas" (Hch 17:24-25).

---

9. *Institución de la Religión Cristiana*, I. 1. 1.

Entonces, ¿para qué crear seres humanos? Podríamos responder a esta pregunta de varias maneras. La primera es que Dios, por definición, es amor (1 Jn 4:8) y el amor da al otro de manera natural: "Porque de tal manera amó Dios al mundo, que dio a Su Hijo unigénito, para que todo aquel que cree en Él, no se pierda, sino que tenga vida eterna" (Jn 3:16). Dios quiso compartir la abundancia de su ser con los seres humanos para que puedan vivir, eventualmente satisfactoriamente, de manera gozosa y en dependencia de Él. Esto no significa que Él necesite esa dependencia, sino que somos nosotros quienes la necesitamos. Dios es el único SER con el poder de auto-existencia. Todo lo demás depende del poder de Dios para permanecer. Nuestro Dios es el gran "Yo Soy" que se apareció a Moisés (Éx 3:14).

Por otro lado, el profeta Isaías nos ayuda a encontrar respuesta a la pregunta, ¿por qué crear a seres humanos a su imagen y semejanza? Esto es lo que el profeta escribió de parte de Dios:

"A todo el que es llamado por Mi nombre
Y a quien he creado para Mi gloria,
A quien he formado y a quien he hecho" (Is 43:7).

Dios nos formó para desplegar su gloria. Su deseo era llenar un planeta de su imagen, de forma tal que la creación entera pueda reflejar la hermosura de su ser y disfrutar de todas las bendiciones que trae el ser de algún modo semejante a Él.

Después de leer ese pasaje es inevitable que surja otra pregunta: ¿No significaría esto último que Dios es egocéntrico y está buscando quien le exalte para sentirse satisfecho? Una buena respuesta podría ser proporcionada por un conocido refrán dominicano: "El ladrón juzga por su condición". Nuestros corazones caídos requieren de aprobación y por eso pensamos que Dios es como nosotros (Sal 50:21). De esa misma forma, queremos ser el centro de atracción porque no toleramos que otro lo sea. Pero nuestro Dios no desea ser el centro de atracción, por una razón muy sencilla: Él es el centro de atracción de toda la creación. Él es el centro de gravedad: todo es atraído hacia Él porque es la fuente y sustento de todas las cosas; todo emana de Él como Creador y Sustentador (Heb 1:3 y 11:3).

Finalmente, como personas redimidas que hemos llegado a ser sus hijos podemos añadir, "Porque somos hechura Suya, creados en Cristo Jesús para hacer buenas obras, las cuales Dios preparó de antemano para que anduviéramos en ellas" (Ef 2:10). Este pasaje nos dice que Dios nos creó a su imagen para que participásemos de su trabajo; tanto de su trabajo de creación (cultivar el jardín) como de redención, ahora que dicha creación se encuentra en condiciones de deterioro... por un tiempo. ¡Qué enorme privilegio, el de trabajar junto a nuestro Dios y bajo su dirección!

Reflexionando en hacer todo para la gloria de Dios, hagámonos la siguiente pregunta: Si la gloria no es para Dios, ¿entonces para quién sería? Obviamente sería para la criatura. Es un error que los seres humanos obren para buscar su propia gloria, pero para Dios —quien es el estándar de perfección— crearnos para su gloria es lo que corresponde. Les hago otra pregunta más, ¿quién está por encima de Dios para que diga: "haré esta creación para la gloria de este otro ser"? La respuesta es, por supuesto, que no existe nadie. Dios creó los cielos por esa misma razón.

"Los cielos proclaman la gloria de Dios,
y el firmamento anuncia la obra de Sus manos"
(Sal 19:1).

Dios hizo el universo para su gloria y no es algo que Él esconda. Que Dios reciba la gloria resulta en el bien de toda su creación. Cuando entiendas y estés conforme con este tipo de afirmación —y no solo conforme, sino también gozoso— ya habrás comenzado a entender la grandeza de Dios y su carácter santo y dadivoso.

LOS ATRIBUTOS DE DIOS

Si Dios nos hizo a su imagen y semejanza, creo que en este capítulo vale la pena ver cuáles son algunos de los atributos del Dios que nos dio origen:

Eternidad:

"Por tanto, al Rey eterno, inmortal, invisible, al único Dios, a Él sea gloria y honor por los siglos de los siglos. Amén" (1 Ti 1:17).

Cuando hablamos de que Dios creó el universo, una de las preguntas más frecuentes es, pero ¿quién creó a Dios? Nuestras mentes a veces no alcanzan a dimensionar lo distintos que son la criatura y el Creador. Por eso, es fundamental que entendamos que el universo tuvo un comienzo y por eso necesita una causa, pero Dios no tuvo comienzo. La ley de la causalidad establece que todo efecto tiene una causa. Pero Dios no es un efecto. Él es la causa; Él no fue creado. Dios es eterno.

Sabiduría:

"¡Oh, profundidad de las riquezas y de la sabiduría y del conocimiento de Dios! ¡Cuán insondables son Sus juicios e inescrutables Sus caminos!" (Ro 11:33).

Los humanos vemos un poco más claramente lo complejo del universo con cada descubrimiento científico. Desde los miles de millones de galaxias en las profundidades del cosmos, hasta la delicada maquinaria bioquímica dentro de la más sencilla de las células, todo demuestra un diseño complejo y de altas precisiones. La existencia de un universo tan complejo como el nuestro, requiere de una mente aún más compleja que lo concibiera. Como Dios nos revelara: "Porque

Mis pensamientos no son los de ustedes, ni sus caminos son Mis caminos […]. Así Mis caminos son más altos que sus caminos, y Mis pensamientos más que sus pensamientos" (Is 55:8-9).

Omnisciencia:

"No hay cosa creada oculta a Su vista, sino que todas las cosas están al descubierto y desnudas ante los ojos de Aquel a quien tenemos que dar cuenta" (Heb 4:13).

Dios conoce todo el pasado y todo lo que sucede en el presente, de manera instantánea y simultáneamente. Lo conoce desde toda la eternidad. Dios no solamente conoce todo cuanto ha ocurrido, sino que también conoce todo lo que pudo haber ocurrido; los hechos reales y los potenciales; los del pasado y los del futuro. En otras palabras, Él sabe lo que fue, lo que es, lo que será y lo que pudo haber sido. Él nunca ha aprendido nada, su conocimiento es eterno y perfecto. Él es el Alfa y el Omega, el que declara "el fin desde el principio, y desde la antigüedad lo que no ha sido hecho" (Is 46:10a).

Trata de imaginar esto por un momento: En la mente de Dios está cada persona que ha existido y existirá en la historia. Él las conoce por nombre y sabe todo sobre cada una de ellas desde la eternidad. Nuestro Dios es un ser imposible de comprender en toda su dimensión.

Soberanía:

"El Señor ha establecido Su trono en los cielos;
Y su reino domina sobre todo" (Sal 103:19).

Las Escrituras no nos hablan de un Dios que creó y puso el universo en movimiento para luego abandonarlo a su suerte (posición deísta). La Biblia nos dice una y otra vez que Dios gobierna sobre su creación y proclama con autoridad, "Yo digo: Mi propósito será establecido, y todo lo que quiero realizaré" (Is 46:10b). Él tiene derecho de hacer (y hace) lo que quiere, cuando quiere, como quiere, con quien quiere y donde quiere. Como bien lo dice el salmista, "Nuestro Dios está en los cielos; Él hace lo que le place" (Sal 115:3).

Autosuficiencia:

"El Dios que hizo el mundo y todo lo que en él hay, puesto que es Señor del cielo y de la tierra, no mora en templos hechos por manos de hombres, ni es servido por manos humanas, como si necesitara de algo, puesto que Él da a todos vida y aliento y todas las cosas" (Hch 17:24-25).

¿Quién podría sostener miles de millones de galaxias y dar alimento a cada ave y animal que mora en la tierra? Solo Alguien que no necesita absolutamente de nada ni de nadie. Nuestro Dios no necesita descanso ni alimentos. El universo no fue creado porque a Dios le hiciera falta algo. Tampoco los seres humanos fueron creados porque Dios necesitara de sus servicios. Él se deleitó en crear, pero no depende del universo ni de sus criaturas. Dios está completamente satisfecho en sí mismo, sin necesidad de nada externo a Él (Salmo 104). Esto es lo que los teólogos han llamado la *aseidad* de Dios. La aseidad de Dios es su atributo de auto-existencia e independencia.

Perfección e inmutabilidad:

"Toda buena dádiva y todo don perfecto viene de lo alto, desciende del Padre de las luces, con el cual no hay cambio ni sombra de variación" (Stg 1:17).

Muchos oran pensando que son capaces de cambiar la opinión de Dios o la forma en que Él estaba pensando obrar. Sustentan su afirmación usando pasajes como el siguiente:

"Y al Señor le pesó haber hecho al hombre en la tierra, y sintió tristeza en Su corazón" (Gn 6:6). ¿Significa esto que Dios quiso dar marcha atrás cuando se dio cuenta de la profundidad de la maldad humana? ¡No! De ninguna manera. Frases como estas que se encuentran en la Biblia son lo que se conoce como "expresiones antropomórficas" (atribuir características humanas a seres no humanos), que tienen una función didáctica porque nos ayudan a comprender mejor, desde nuestra perspectiva humana, el sentir de Dios en un momento dado. En el caso del pasaje mencionado en Génesis, lo que se busca mostrar es su desprecio por la maldad del ser humano. Algunos han pensado que la idea detrás de esta frase es que a Dios le dolió ver lo que el ser humano, creado a su imagen, era capaz de hacer.

El punto fundamental es que en Dios no hay el más mínimo cambio de opinión. Las mismas Escrituras dicen:

"Dios no es hombre, para que mienta,
Ni hijo de hombre, para que se arrepienta.
¿Lo ha dicho Él, y no lo hará?
¿Ha hablado, y no lo cumplirá?" (Nm 23:19).

Él no cambia, porque no necesita cambiar. Nuestro Dios es perfecto desde la eternidad hasta la eternidad (Heb 13:8). Cada pensamiento o cada idea es concebida perfectamente desde su inicio.

DIOS NOS CREÓ CON UN SENTIDO DE ETERNIDAD

John Ankerberg, John Weldon y Dillon Burroughs, afirmaban en su libro, *The facts on World Religion* [Los hechos acerca de las religiones del mundo],[10] que "no es una exageración decir que la historia de la humanidad es la historia de la religión".

---

10. John Ankerberg, John Weldon, y Dillon Burroughs, *The facts on World Religion* (Eugene, Oregon: Harvest House Publishers, 2009).

A lo largo de toda su historia, los seres humanos han mirado hacia arriba buscando a Dios. Escuchar esto no debe sorprender a los cristianos, después de todo la Biblia establece que "Él ha hecho todo apropiado a su tiempo. También ha puesto la eternidad en sus corazones" (Ec 3:11). El ser humano sabe en lo profundo de su ser que existe algo o alguien eterno. Algo distinto es si quiere reconocerlo.

El gran problema es que los seres humanos anhelan tener una respuesta para la pregunta de su origen, pero al mismo tiempo desean vivir en completa autonomía de Dios. Por eso afirma Pablo en Romanos: "Pues aunque conocían a Dios, no lo honraron como a Dios ni le dieron gracias..." (Ro 1:21a). Esta ha sido, por ejemplo, la raíz de muchos movimientos espiritistas y animistas y, por supuesto, de la cosmovisión naturalista. El ser humano quiere explicar por qué está en la tierra sin que eso signifique reconocer, honrar y someterse a su Creador. Esta actitud de absoluta rebeldía no ha estado libre de consecuencias para la humanidad. Entonces surge otra pregunta, ¿cuáles han sido las consecuencias de este terrible error?

A principios de la década de los cincuenta, el francés Albert Camus, un ateo y filósofo existencialista,[11] comenzó a enseñar en los Estados Unidos. Camus enseñaba sobre lo absurdo de la vida y escribió que "solo hay una pregunta filosófica seria, y es el suicidio".[12] Imagina que eres un estudiante universitario de 19 o 20 años que observa cómo estas ideas definen la vida como algo que no tiene sentido y cómo esta nueva corriente se está propagando. Si estás aprendiendo que Dios no existe y que lo único que vale la pena preguntar es si uno debería suicidarse o no, ¿cuál sería la respuesta natural? ¿Cómo podríamos enfrentar una realidad así?

---

11. Existencialismo: "Doctrina que trata de fundamentar el conocimiento de toda realidad sobre la experiencia inmediata de la existencia propia" (RAE).

12. Ronald Aronson, (2017), "Albert Camus", en Edward N. Zalta (ed.) *The Stanford Encyclopedia of Philosophy*.

Las únicas personas que respondieron erróneamente, pero de una manera consistente con lo que aprendieron en la década de los cincuenta, fue la generación de los hippies en los años sesenta del siglo pasado. Su reacción es entendible porque tal filosofía no les daba otra salida. Si Camus tenía razón, yo también quisiera escapar y vivir en otra dimensión, porque no se puede vivir con el dolor de que nada tenga sentido. Por supuesto, el continuo uso de drogas por parte de esos jóvenes rebeldes tuvo profundas consecuencias. Este movimiento dio pie a la revolución sexual de los años setenta, que produjo el completo rechazo al control de los deseos sexuales formulados por la Iglesia, el Estado, la familia o cualquier otra institución. El sexo libre y sin mayores ataduras se hizo muy común como consecuencia de la disponibilidad generalizada de métodos anticonceptivos (legalizados en Estados Unidos en 1965), la legalización del aborto (1973) y el uso de antibióticos para combatir las enfermedades de transmisión sexual. Como vemos, las ideas de los pensadores no se quedan en los centros universitarios, sino que permean la sociedad y ocasionan consecuencias muy serias.

Esta breve explicación nos ofrece solo un pequeño vistazo a los peligros de no conocer —o de rechazar— nuestros orígenes. Es muy importante que los cristianos no nos quedemos con las evidencias de Dios como Creador para nosotros mismos. En el resto del capítulo repasaremos brevemente algunos de los argumentos más populares en contra de Dios como origen de la humanidad. ¿Cómo podemos responder a ellos? ¿Qué argumentos podemos utilizar para mostrarles la racionalidad de la existencia de un Creador?

LOS ARGUMENTOS EN CONTRA DE LA EXISTENCIA DE DIOS

1. La existencia del mal:

Algunos sostienen el argumento de que Dios no puede existir porque, ¿cómo permitiría tanta maldad y violencia en el mundo? Este no es, sin duda, un argumento lógico, sino emocional. Algo emocional dentro de nosotros se revuelve al ver la maldad imperar y pensar que existe un Dios moral que parece no hacer nada al respecto.

Para otros, también sería posible decir que, debido a la inmensidad del sufrimiento en el mundo, si Dios existe, entonces Dios debe ser muy malo. La simple existencia del mal no niega la existencia de Dios ni tampoco niega su carácter santo, solo deja ver que hay cosas de la existencia de Dios y el mal que no llegamos a comprender.

Las Escrituras nos dicen que Dios es bueno. Entonces, ¿cómo reconciliamos esa afirmación con la existencia del mal? Exploraremos este asunto con más profundidad en el capítulo ocho. Por ahora, solo digamos que negar la existencia de Dios porque el mal existe es equivalente a visitar algunos lugares del planeta donde muchos dejan sus barbas y cabellos largos y concluir, solo viendo a la gente, que allá no existen los barberos ni las peluquerías.

Es curioso que muchos no se percatan de que al afirmar la existencia del mal también están afirmando la existencia del bien. Podríamos preguntarles a esas personas, ¿de dónde obtienen ese entendimiento de bueno y malo? La definición del mal es arbitraria si Dios no existe; por lo tanto, las personas no podrían quejarse de su existencia. Dios es el marco de referencia para el bien y para determinar lo que es bueno.

2. La ciencia como explicación de nuestro origen:

Existe la creencia popular de que la ciencia es la respuesta final que el ser humano necesitaba para tener una total comprensión de todas las cosas. En ese sentido, muchos contraponen la fe con la ciencia. John Lennox, un brillante filósofo, matemático y apologista británico, utiliza una ilustración que puede ayudarnos a responder a este argumento. Si tenemos agua hirviendo en una olla en la cocina y alguien nos pregunta, "¿Por qué está burbujeando el agua?", podemos responder de dos maneras: (1) porque el fuego está calentando las moléculas del líquido, haciéndolas vibrar con cada vez más energía hasta que pasan del estado líquido al gaseoso; o (2) porque quiero hacerme un té.

Existen distintos niveles posibles para explicar el universo y la ciencia no es capaz de brindar todas las explicaciones necesarias posibles, porque no fue diseñada para hacerlo y solo responde describiendo el mundo natural. No puede decirnos nada en cuanto a las preguntas que van más allá de aquello que podemos medir y observar en el mundo material.

La realidad es que muchos de los hombres de ciencia del pasado y aun un buen número de ellos hoy, fueron y son creyentes en el Dios de la Biblia, hombres tales como:

Nicolás Copérnico (1473-1543), astrónomo que estableció la teoría heliocéntrica que establece que la tierra y los planetas giran alrededor del sol.

Galileo Galilei (1564-1642), considerado por algunos como el «padre de la astronomía moderna», por otros como el «padre de la física moderna», y aún otros le han llamado el «padre de la ciencia».

Johannes Kepler (1571-1630), astrónomo y matemático, estableció que los cuerpos celestes tienen una órbita elíptica alrededor de los planetas.

Isaac Newton (1642-1727), físico y matemático, estableció la teoría de la fuerza de la gravedad.

Francis Collins (1950), genetista, director del proyecto del genoma humano.

El espacio no nos permite seguir con la lista interminable de hombres y mujeres de ciencia que fueron cristianos en sus creencias. Realmente, como bien decía el matemático y físico francés Blaise Pascal, "Poca ciencia aleja de Dios, mucha ciencia acerca a Dios".

Esto último es exactamente lo que ha venido ocurriendo, porque en la medida en que la ciencia se ha ido desarrollando, ese mismo conocimiento ha ido llevando a afirmar que se hace necesario creer en la existencia de una inteligencia superior que diseñó el universo. Es de esa reflexión de donde nace la famosa frase del "diseño inteligente".

La siguiente cita explica lo que acabamos de afirmar más arriba: "En una revolución colmada tanto de ideas y argumentos que nadie hubiese predicho dos décadas atrás, Dios está regresando a círculos intelectuales y de filósofos académicos."[13]

3. La falta de evidencias para creer en Dios:

Muchas veces la falta de pruebas en torno a una posición se considera como un punto a favor para la idea contraria. Pero se considera como una falacia lógica el afirmar una posición por la falta de pruebas del lado contrario. Por ejemplo, si yo quisiera negar la existencia de piedras blancas en el universo (esto es una negación universal), necesitaría tener conocimiento absoluto de dicho universo para poder garantizar la veracidad absoluta de mi afirmación. Algo así como ser omnisciente, que es justamente una cualidad que le pertenece a Dios, el Ser que la gente trata de negar. Lo mismo sucede cuando afirmamos con certeza que Dios no existe. Por esta razón, el término ateísmo (*a* = sin; *theos* = Dios) es cada vez menos usado en círculos académicos. En lugar de eso, se habla de agnosticismo (a = sin; gnosis = conocimiento) porque se entiende esta posición como la declaración de inaccesibilidad al entendimiento humano de todo conocimiento de lo divino, o la declaración de que no tengo suficientes evidencias para creer en ese Dios.

---

13. Revista *Time*, abril 7, 1980.

El problema que se genera cuando afirmamos que no tenemos suficiente conocimiento de Dios como para determinar si es real o no, es que suele ser una postura que no permite lidiar con las implicaciones de la existencia de un Ser Supremo. Cuando, por ejemplo, se presenta una nueva evidencia, el agnóstico siempre podría responder, "ya veo, suena interesante, pero no es suficiente".

4. La influencia negativa de los cristianos:

No podemos negar que muchas atrocidades se han cometido usando el nombre de Jesús. Es correcto horrorizarnos cuando escuchamos historias sobre la Inquisición y las Cruzadas. Pero cuando leemos las Escrituras nos damos cuenta de que, aunque estos movimientos usaban el nombre de Jesús, en realidad no estaban obedeciendo al Señor, sino más bien contradiciendo las órdenes precisas que Él dio a sus discípulos (Mt 26:52-53; Jn 18:36). La violencia en el nombre del cristianismo no es producto de la obediencia a Dios, sino de la rebeldía del ser humano.

Cuando algunos afirman que Dios no existe porque algunos movimientos, que se autodenominaron "cristianos", asesinaron e hicieron sufrir a miles de personas, es equivalente a pensar que la ciencia médica es falsa porque han existido muchos casos de médicos que fueron acusados y encontrados culpables de mala praxis.

Habiendo examinado algunos de los argumentos para negar la existencia de Dios, veamos los argumentos para afirmar categóricamente que ese Dios tiene que existir por obligación lógica.

LOS ARGUMENTOS A FAVOR DE LA EXISTENCIA DE DIOS

El argumento cosmológico

Hay varias maneras de presentar este argumento. Quizás el más famoso sea el argumento cosmológico Kalām:

"Todo lo que comienza a existir tiene una causa.

El universo comenzó a existir.

Por lo tanto, el universo tiene una causa".

Los filósofos griegos, en particular Aristóteles, enseñaron de la eternidad del universo. Esta perspectiva fue ampliamente aceptada hasta el siglo XX. Sin embargo, observaciones astronómicas y el desarrollo de las teorías de Einstein empezaron a indicar que el universo tenía un pasado finito. La comunidad científica no recibió con brazos abiertos este cambio de paradigma (algunos incluso lo tacharon como "repugnante," entre ellos el astrónomo Arthur Eddington) porque sonaba demasiado parecido a lo propuesto por el Génesis. Lo cierto es que la evidencia científica actual es innegable: el *Big Bang*, como se conoce al momento de la creación del universo, marcó el inicio del cosmos. Lo interesante es que, si el cosmos empezó a existir en un momento determinado, alguien tuvo que causarlo.

Con la teoría de la relatividad de Albert Einstein, comenzó a cambiar la idea de que el universo era eterno. La ciencia ha establecido que, si el universo tuvo un comienzo, entonces, la energía, el tiempo, la materia y el espacio tuvieron todos un comienzo al mismo tiempo. Esto es justamente lo que la Biblia afirma desde el versículo uno de Génesis capítulo uno: "En el principio [tiempo] Dios [energía] creó los cielos [el espacio] y la tierra [la materia]."

El Creador de ese universo debe:

Existir y ser Inmaterial:

Vivir fuera del tiempo y el espacio. Nuestro Dios, como ya vimos, es eterno y, por tanto, siempre ha existido fuera del tiempo y del espacio... cuando estos dos elementos no formaban parte del universo:

"Antes que los montes fueran engendrados,
Y nacieran la tierra y el mundo,

Desde la eternidad y hasta la eternidad,
Tú eres Dios" (Sal 90:2).

Ser sin límites, infinito:

"… Si los cielos y los cielos de los cielos no te pueden contener, cuánto menos esta casa que yo he edificado" (2 Cr 6:18).

Ser todopoderoso para crear un universo entero:

"Yo soy el Dios Todopoderoso;
Anda delante de Mí, y sé perfecto" (Gn 17:1).

Ser inteligente y sabio para diseñar a la perfección:

"¿Acaso no lo sabes? ¿Es que no lo has oído?
El Dios eterno, el SEÑOR, el creador de los confines de la tierra.
No se fatiga ni se cansa.
Su entendimiento es inescrutable" (Is 40:28).

Ser personal:

Capaz de convertir la nada en un universo de materia, tiempo y espacio calibrado a precisiones inimaginables (una fuerza impersonal no tiene esa capacidad). Una alteración de fuerza gravitacional del orden de 0.0000000000000000000000000000000000001 causaría que nosotros dejásemos de existir y el Sol también.

El argumento teleológico

La palabra griega *telos* se refiere a un fin u objetivo. De esta manera, el argumento teleológico busca explicar que todo lo que existe tiene un propósito y que el azar no puede organizar las cosas tal como las conocemos. Se necesita de una mente para que algo tenga un propósito y ese objetivo se cumpla.

Muchos aspectos de la creación manifiestan con absoluta claridad el argumento teleológico. Por ejemplo, el desarrollo de un embrión humano desde dos simples células hasta llegar a constituirse en un ser humano completo con órganos que fueron al lugar que les correspondía y se conectaron entre sí, como la boca, el esófago, el estómago, el hígado, el páncreas, los intestinos hasta llegar al recto. ¿Todo es fruto del azar? No tengo tanta fe para creer algo así.

Podemos tomar el intrincado diseño del ojo y su capacidad de transmitir información visual. La retina transmite datos a aproximadamente 10 millones de bits por segundo. Esto es comparable a una conexión Ethernet, que transmite información entre computadoras a velocidades de 10 millones a 100 millones de bits por segundo. Esa información viaja durante todo el día hacia el cerebro sin fallar una sola vez bajo circunstancias normales.[14]

Ahora miraremos a los cielos, que proclaman el poder y la sabiduría de Dios (Sal 19:1; Ro 1:20). La observación del universo permite darnos cuenta de que parece estar organizado para favorecer la vida en nuestro planeta. Desde el hecho que tengamos un satélite como la Luna, con un tamaño perfecto, hasta la posición exacta de la Tierra en el Sistema Solar respecto a otros planetas. La Luna hace que nuestro planeta se incline justamente 23.5 grados de manera estable, y que por esa razón podamos tener estaciones cada año en lugar de enormes variaciones de temperatura que harían imposible el desarrollo de la vida (como en el caso de Marte). Por otro lado, los gigantes gaseosos —Júpiter y Saturno— proveen cierta protección a la tierra "absorbiendo" el impacto de cometas y asteroides, evitando que alcancen las órbitas de los planetas más cercanos al Sol.

Para que un planeta sea considerado habitable, debe cumplir con una gran cantidad de condiciones muy particulares.

---

14. *The Journal of Biology*, julio, 2006, citado en "Live Science, Eye Transmits to Brain at Ethernet Speed": https://www.livescience.com/904-eye-transmits-brain-ethernet-speed.html.

Debe orbitar una estrella de tamaño medio a una distancia adecuada (ni demasiado cerca para que el agua no se evapore, ni demasiado lejos para que el agua no se congele). Pero estar a cierta distancia no es suficiente, porque Marte y Venus están en la "zona de habitabilidad" de nuestro Sistema Solar, pero no se han encontrado indicios de vida en ellos. El planeta también debe contar con un campo magnético estable para combatir la letal radiación estelar, así como contar con una atmósfera respirable. Además, la masa del planeta debe ser suficiente como para poder atrapar las partículas de gas que forman la atmósfera y evitar que se dispersen en el espacio. Estos son solo algunos de los aspectos que deben estar precisamente calibrados para que se desarrolle la vida tal como la conocemos.[15]

El azar no es capaz de crear el orden que vemos en el cosmos. Cuando contemplamos la creación nos damos cuenta de que hubo Alguien detrás, quien orquestaba todo basado en un plan y un propósito determinados.

El argumento moral

Ninguno de los argumentos que hemos mencionado es nuevo y este no es la excepción. El argumento moral ha sido postulado por distintas personas y de diferentes maneras. C. S. Lewis, por ejemplo, lo presentó de esta forma: "Tiene que haber una ley moral, de lo contrario los desacuerdos morales no tienen sentido y las críticas a la moralidad no son válidas. Si no existe una regla para la moralidad, es innecesario mantener promesas y no tendríamos que excusarnos al violar la ley".

Si lo pensamos por un momento, resulta obvio que una vida sin ley moral absoluta sea un completo caos. Sin ley moral no podemos decir nada en contra de los homicidios o las violaciones. Cualquier acto —incluso los que concebiríamos como

---

15. Lee más acerca de esto en el artículo "¿Humanos por casualidad?: Las probabilidades para la vida en nuestro universo" en https://www.coalicionporelevangelio.org/articulo/humanos-casualidad-las-probabilidades-la-vida-universo/

horrendos— serían evaluados de acuerdo con una cuestión de opinión muy subjetiva, "para ti está mal, pero para mí está bien" o pragmática, "depende de si me afecta o no". Sin embargo, que podamos hablar de la existencia de una ley moral universal implicaría que debe existir un Dador de la ley que debe ser absolutamente moral.

Si no hay ley moral, entonces no hay dador de ley moral, pero la experiencia nos dice que sí hay una ley moral universal que la gente reconoce y aprecia. Por supuesto, los seres humanos son pecadores e imperfectos y no nos ponemos de acuerdo con todos los puntos de la ley moral, pero ese es otro asunto. El punto es que la gente reconoce que hay una ley moral. Esto es compatible con lo que las Escrituras nos dicen con respecto a cómo Dios se ha revelado a la humanidad:

"Pero lo que se conoce acerca de Dios es evidente dentro de ellos, pues Dios se lo hizo evidente. Porque desde la creación del mundo, Sus atributos invisibles, Su eterno poder y divinidad, se han visto con toda claridad, siendo entendidos por medio de lo creado, de manera que ellos no tienen excusa" (Ro 1:19-20).

Dios ha establecido que la conciencia del ser humano y la creación sean testigos de su existencia. Si prestamos atención al texto de Romanos, veremos que dice que estos testimonios son "evidente[s]" y "se han visto con toda claridad". Las cosas no están ocultas y no hay solo unos cuantos "iluminados" que pueden descubrirlas. Dios ha hecho obvia la evidencia de su existencia, al punto de decirnos que no tenemos la más mínima excusa.

Podemos presentar muchos argumentos, pero, finalmente, la ceguera del corazón solo la puede quitar Dios a través de su Espíritu Santo. Aún más, el texto de Romanos establece que hay una ley moral "escrita" en el corazón del hombre:

"Porque cuando los gentiles, que no tienen la ley, cumplen por instinto los dictados de la ley, ellos, no teniendo la ley, son una ley para sí mismos. Porque muestran la obra de la ley escrita en sus corazones, su conciencia dando testimonio, y sus pensamientos acusándolos unas veces y otras defendiéndolos, el día en que, según mi evangelio, Dios juzgará los secretos de los hombres mediante Cristo Jesús" (Ro 2:14-16).

LA FE DEL ATEO

Para muchos es fácil declarar que Dios no existe, sin siquiera pensar en las consecuencias de tal afirmación. En su libro *El caso del Creador*, Lee Strobel nos explica que, si todo es materia, entonces tendríamos que concluir que "la nada puede producirlo todo, que la materia sin vida puede producir vida, que el azar puede producir calibraciones extraordinarias, que el caos es capaz de producir información, que la materia sin consciencia puede producir consciencia y que la materia sin razonamiento puede producir razonamiento" ¿No suenan esas afirmaciones un poco más ilógicas que simplemente decir que existe Alguien que nos ha Creado? De nuevo tengo que decir, no tengo suficiente fe para ser un ateo.

Alguien me preguntó una vez: "Si la Biblia no afirma la existencia de otras formas de vida fuera de la Tierra, ¿por qué creó Dios un universo tan grande?". Yo le pedí que imaginara lo que hubiera pasado si todo lo que nos hubiera quedado de las pinturas de Leonardo Da Vinci fuera un cuadro muy rústico que pareciera que cualquiera puede pintar. Ya que no tendríamos otras pruebas de su maestría, pensaríamos que Da Vinci no tuvo un verdadero talento. Pero ahora imagina que estás visitando una galería en donde se exponen algunas de las mejores obras del pintor italiano, "La última cena", "La dama del armiño" y "La Mona Lisa". ¡Te asombrarías con su talento! ¿Cómo reconocerías ese talento extraordinario?

Por el testimonio de las muchas obras que pintó. Bueno, si la creación de Da Vinci nos muestra la grandeza de Da Vinci, me gustaría preguntarte, ¿qué tan enorme y maravillosa esperas que sea la obra de Dios, para que nos revele su gloria?

Lamentablemente, para un corazón endurecido, las incontables evidencias que Dios ha dejado en su creación y en la consciencia humana nunca serán suficientes para reconocer su existencia y rendirse ante su poder, soberanía y autoridad. Para el creyente, sin embargo, observar la majestuosidad de la creación le lleva a reconocer, en adoración, la sabiduría y el poder de Aquel quien es el origen de todas las cosas.

"Porque de Él, por Él y para Él son todas las cosas. A Él sea la gloria para siempre. Amén" (Ro 11:36).

CAPÍTULO **CUATRO**

¿PARA QUÉ ESTOY AQUÍ?

PROPÓSITO

LA NECESIDAD DE UN PROPÓSITO

Cada persona tiene un propósito por el cual está viviendo, aunque no lo haya articulado en palabras. El gran problema es que la mayoría posee una idea equivocada de lo que significa tener una vida de propósito. Una meta no es un propósito; ella debe ser parte del propósito. Un vendedor pudiera alcanzar sus metas de vender un número específico de sus productos, pero pudiera fracasar en su propósito de lograr ser líder en el mercado. Desde que Adán cayó, el ser humano perdió su sentido de propósito y, por lo tanto, desde entonces hombres y mujeres han estado buscando la respuesta en lugares equivocados. Bien dijo el profeta Jeremías,

"Porque dos males ha hecho Mi pueblo:
Me han abandonado a Mí,
Fuente de aguas vivas,
Y han cavado para sí cisternas,
Cisternas agrietadas que no retienen el agua"
(Jer 2:13).

Para muchos hombres y, más recientemente, para muchas mujeres, el trabajo es el propósito para el cual viven. Desafortunadamente, esa nunca fue la idea de Dios.

La Biblia es muy clara con respecto a nuestro propósito:

"Porque somos hechura Suya, creados en Cristo Jesús para hacer buenas obras, las cuales Dios preparó de antemano para que anduviéramos en ellas" (Ef 2:10).

Este es uno de los versículos que más contribuye a mi paz interior y, a la vez, me mueve a la reflexión. Dios ha preparado las obras que tú y yo deberíamos estar haciendo el día de mañana. Por lo tanto, lo único que se requiere es descubrirlas, para luego ponerlas en práctica. Él nos creó con el propósito de hacer esas buenas obras que ya había concebido en la eternidad pasada.

Dios ha preparado un camino por el que debemos transitar. Esto, por supuesto, no significa que no enfrentaremos dificultades que también formarán parte del propósito de Dios. El camino de Moisés por el desierto no fue fácil, pero Dios siempre estuvo presente para abrir el mar y proteger a su pueblo mientras llevaba a cabo su propósito. Creo que muchas veces nosotros nos agotamos y flaqueamos porque estamos nadando contracorriente al tratar de caminar en áreas y por lugares que Dios no ha preparado para nosotros. Pero Dios es misericordioso y nos enseña a volver al camino, como lo hizo con Jonás. Si la actitud de este profeta hubiera sido diferente con respecto a la voluntad de Dios, él no habría tenido que pasar tres días en el vientre del pez. Muchos de nosotros pasamos temporadas en el "vientre del pez", por así decirlo, hasta que somos "vomitados" en el camino que Dios sí preparó de antemano para nosotros.

Algunos quisieran que Dios se apareciera y les hablara directamente, o anhelan tener la visión de un semáforo que da "luz verde" para avanzar en cierta dirección. Pero esa no es la manera como Dios ha revelado sus caminos. Para encontrar el propósito y la dirección divina para nuestras vidas tenemos que esperar, obedecer en la espera y en la actividad, persistir en oración, meditar de día y de noche en su Palabra y observar lo que Dios está haciendo en nosotros y alrededor de nosotros. Finalmente, al ser sensibles a la dirección del Espíritu Santo, entonces nos percataremos si es que estamos dentro o fuera de su propósito. Cuando estemos caminando fuera de las obras que Dios ha preparado para nosotros, nos sentiremos incómodos, insatisfechos y no nos sentiremos plenos ni llenos de gozo, ni de paz. El Dios soberano nos ha dado una labor y en la medida que la cumplamos, esa misma labor nos llenará de propósito y significado de manera natural.

EL TRABAJO, PARTE DEL PROPÓSITO DE DIOS

Como hemos visto, el propósito de Dios para nuestras vidas está muy vinculado a nuestro trabajo diario. Algunos cometen el error de pensar que el trabajo es una consecuencia de la caída de nuestros primeros padres. Sin embargo, si leemos los dos primeros capítulos de Génesis, veremos que el trabajo es una tarea que Dios creó y encomendó a Adán y Eva aun antes de la caída. Por lo tanto, al igual que el resto de la creación, el trabajo encomendado por Dios es algo bueno y satisfactorio. Ese concepto erróneo del trabajo como maldición, también hace que algunos piensen que en gloria solo estaremos cantando alabanzas y levantando las manos. ¡Eso es un error! Cristo dijo: "Hasta ahora Mi Padre trabaja, y Yo también trabajo" (Jn 5:17). Por supuesto, en la eternidad nuestro trabajo ya no estará bajo la maldición de la caída, porque en la gloria no nos fatigaremos ni tendremos cardos y espinas, sino que estaremos completamente llenos de la satisfacción y la plenitud que Dios nos dará a través de nuestras tareas hechas conforme a su voluntad y para su gloria.

Es necesario cambiar la forma en que hemos conceptualizado nuestras labores, sin distinción. Recordemos el mandato de Dios a Adán y Eva: "Sean fructíferos y multiplíquense; llenen la tierra y sométanla" (Gn 1:28). De una forma u otra, todos los seres humanos estamos llamados a cumplir con ese llamado. Somos mayordomos de Dios (1 Co 4:1), puestos al cuidado de su creación. Es cierto que el trabajo se ha convertido en algo duro y difícil producto de la caída y la entrada del pecado en el mundo, pero debemos aceptar que el problema no es el trabajo, sino el pecado de nuestros corazones que nos hace tener una actitud displicente para con la voluntad de Dios.

El problema radica en que el Señor nos encarga una tarea y la empezamos con gusto y hasta con energía, pero al poco tiempo nos aburrimos y deseamos otra cosa. En lugar de estar agradecidos de poder servir a nuestro prójimo, nos quejamos, ya sea por el ingreso que percibimos, por las condiciones del trabajo, la forma como nuestro jefe nos trata o la manera en que otros trabajan. Pareciera que nunca estamos satisfechos. Nuestras insatisfacciones existenciales como fruto de no estar satisfechos en Cristo nos hacen creer que el problema radica fuera de nosotros.

Vivimos con los ojos puestos en nosotros mismos y solo buscamos nuestros beneficios. Las cosas deben ser a nuestra manera o no deben ser. No queremos trabajar para cumplir los propósitos del Señor porque tenemos corazones rebeldes. Queremos que la obra de nuestras manos sea solo para nuestro provecho y para nuestra propia gloria. La rebeldía de la raza humana y el querer ser independiente del Creador, ha formado parte de nuestra historia humana desde los inicios de la humanidad:

"Según iban hacia el oriente, hallaron una llanura en la tierra de Sinar, y se establecieron allí. Y se dijeron unos a otros: «Vamos, fabriquemos ladrillos y cozámoslos bien». Y usaron ladrillo en lugar de piedra y asfalto en lugar de mezcla. Luego dijeron: «Vamos, edifiquémonos una ciudad y una torre cuya cúspide llegue hasta los cielos, y hagámonos un nombre famoso, para que no seamos dispersados sobre la superficie de toda la tierra»" (Gn 11:2-4).

¿Qué es lo que estas personas estaban queriendo encontrar al construir una ciudad con una gran torre? Su propia fama. Este pasaje refleja el vacío que la caída produjo en el ser humano que lo lleva a buscar siempre un propósito egoísta y para su propia gloria sin considerar la voluntad de Dios. Es increíble pensar que aún después de nacer de nuevo, muchas veces el cristiano sigue luchando con estas tendencias, a menos que logre mantenerse enfocado en los propósitos de Dios. El ejemplo de Juan y Jacobo es esclarecedor y nos muestra que sin buscar el propósito de Dios para nuestras vidas podemos estar muy equivocados en nuestros propósitos:

"Jacobo y Juan, los dos hijos de Zebedeo, se acercaron a Jesús, diciendo: «Maestro, queremos que hagas por nosotros lo que te pidamos». «¿Qué quieren que haga por ustedes?», les preguntó. Ellos le dijeron: «Concédenos que en Tu gloria nos sentemos uno a Tu derecha y el otro a Tu izquierda»" (Mr 10:35-37).

El ser humano quiere encontrar su significado en sí mismo y en sus propios logros. Quiere encontrar su significado en sus propios caminos, no en los del Señor.

EN LAS MANOS DEL ALFARERO

En el capítulo anterior hablamos de cómo nuestra pregunta de origen queda respondida al reconocer que el Señor es nuestro Hacedor. Pero ese reconocimiento no es suficiente. Dios no nos creó para luego dejarnos a nuestra suerte. Dios no nos entrega una misión y luego nos mira desde lejos mientras intentamos entender cómo cumplirla. No, Él nos ha creado con todo lo que necesitamos para cumplir el propósito por el que nos ha puesto en esta tierra, y no solo eso, también nos sostiene y nos acompaña durante todo el proceso a lo largo de todas las circunstancias que Él mismo ha orquestado para lograr lo que ha soñado desde que nos concibió en su mente.

Dios es como un alfarero que realiza cada una de sus obras de forma particular y ninguna de ellas es exactamente igual a otra. Él hace floreros y tazas que tienen diseños distintos conforme a propósitos diferentes y los hace con cualidades diferentes. El Señor ya tuvo nuestro propósito en mente desde el principio mismo de nuestra existencia. Él nos ha formado desde el vientre de nuestras madres, entretejiendo nuestros cuerpos y otorgándonos dones y talentos particulares para cumplir nuestro propósito (Sal 139:13-16).

En mi caso, Él me hizo médico y pastor, no músico y empresario. Me ha dado cualidades que quizás tú no tienes, y es muy posible que te haya dado talentos que yo no he recibido. Cuando no meditamos en esta realidad espiritual basada en el diseño soberano de Dios sobre sus hijos, es muy posible que recurramos a la queja, y nos sintamos frustrados e insatisfechos.

Imagínate que por un momento los objetos inanimados pudieran pensar y sentir. La taza lloraría diciendo: "¡Ay, si tan solo yo fuera florero! Nada me haría más feliz que poder mostrar flores preciosas a los demás". El gran drama de la taza será que intentará sostener flores que se caerán una y otra vez porque no fue hecha para sostenerlas. Imagina también al florero queriendo ser taza porque sueña con la inmensa alegría que le proporcionará el ser llenado con café para luego sentir el calor de labios humanos. Sin embargo, terminaría avergonzado y creando todo un desastre porque su diseño y propósito no responde a la tarea que sueña cumplir. Quizá suene absurdo pensar en alguien bebiendo café de un florero, pero así somos los humanos cuando nos empecinamos en ser lo que, en realidad, no somos. Cada nuevo producto fabricado obedece a un propósito específico concebido en la mente del creador. De esa misma manera, el propósito de la vida del ser humano solo es conocido por su Creador.

Dios nos formó con un propósito específico, pero a veces vemos lo que el Señor está haciendo a través de otra persona y nos preguntamos "¿por qué yo no puedo hacer lo mismo?". Sin embargo, cuando comprendemos y aceptamos que Dios nos hizo para algo y vivimos conforme a ese propósito, todo empieza a encajar en su justa medida. Eso no significa que tendremos una vida de ensueño, porque no siempre será perfecto —habrá partes de nuestro llamado que quizá no disfrutemos tanto—, pero en el tiempo descubriremos su valor y encanto al obedecer al Señor.

A veces pensamos en Dios como un "policía cósmico" cascarrabias y aguafiestas que siempre está listo para castigarnos en cuanto sentimos un poco de deleite. ¡No es así! Dios quiere que disfrutemos nuestras vidas en Él y nos llenará de gozo mientras trabajamos en las obras que ha preparado para nosotros. ¿Por qué estoy tan convencido de que esto es verdad? Porque Dios nos ha hecho a su imagen y Él vive lleno de gozo continuamente y sin interrupción. El Señor nos está transformando para ser cada vez más como Él: personas de propósito, que trabajan y están llenas de regocijo.

El trabajo pierde su sentido cuando es hecho separado de Dios. El libro de Eclesiastés nos permite tener un vistazo de lo que sucede cuando separamos nuestro trabajo del Señor y su voluntad soberana:

"He visto todas las obras que se han hecho bajo el sol, y he observado que todo es vanidad y correr tras el viento [...] Consideré luego todas las obras que mis manos habían hecho y el trabajo en que me había empeñado, y resultó que todo era vanidad y correr tras el viento, y sin provecho bajo el sol" (Ec 1:14 y 2:11).

¿Cuántos no hemos tenido una actitud similar a la mencionada por Salomón? Solemos pensar: "¿Para qué sirve esto

que estoy haciendo? ¿Por qué razón me esfuerzo tanto?".
Pero esta no es la manera de pensar de una persona que
vive de acuerdo con el propósito de Dios. Cuando quitamos
nuestros ojos de Aquel que nos hizo para cumplir su obra,
por supuesto que todo parecerá absurdo y sin sentido. Sin
embargo, cuando ponemos nuestra mirada en el Eterno y
vemos cómo cada una de nuestras acciones puede ser parte de su plan perfecto para redimir al mundo, empezamos
a encontrarles sentido incluso a las tareas más sencillas y
cotidianas.

Debido a las complejidades del mundo moderno y a
nuestras propias inconsistencias es que debemos examinar
continuamente nuestras vidas. La insatisfacción del corazón
es una señal de alerta que nos advierte cuando nos estamos despegando del Señor. Agustín de Hipona lo expresó
así: "Nos hiciste para ti y nuestro corazón está inquieto
hasta que descanse en ti".[16] Por supuesto, este descanso no
será completo hasta que estemos en gloria con el Señor, sin
embargo, no tenemos que esperar hasta ese día para repo-
sar en Él. Aunque en esta vida nuestro reposo no será perfecto —incluso caminando en el propósito de Dios habrá
aflicciones— los cristianos podemos trabajar mientras descansamos en el Señor. Descansamos en su carácter y en sus
promesas y en que Él es nuestro Hacedor y nos da todo lo
que necesitamos para caminar en su voluntad. Nuestro Dios
es soberano y nos sostiene en medio de cualquier situación
(Ro 8:31-38). Recordar estas verdades nos mantiene ancla-
dos y llenos de esperanza mientras caminamos buscando
agradarle. Hagamos nuestra la oración que el apóstol Pablo
hacía por los colosenses:

"No hemos cesado de orar por ustedes, pidiendo que
sean llenos del conocimiento de Su voluntad en toda
sabiduría y comprensión espiritual, para que anden

---

16. *Las Confesiones*, i, 1, 1.

como es digno del Señor, haciendo en todo, lo que le agrada, dando fruto en toda buena obra y creciendo en el conocimiento de Dios" (Col 1:9-10).

Por estas razones, los cristianos pueden llegar a ser personas llenas de paz en un mundo inquieto que no encuentra su propósito producto del pecado y la separación de Dios. Esta búsqueda de paz y protección del Señor se manifiesta en momentos ordinarios, como cuando tenemos que terminar pronto un gran proyecto de trabajo.

En cierta ocasión tenía que preparar una clase y también tenía otros dos grandes proyectos por entregar ese mismo día. Yo podría haberme estresado y en la angustia terminar drenado sin haber cumplido con ninguna de mis obligaciones. Sin embargo, decidí orar y descansar en el Señor. Le dije al Señor: "Dios, yo he orado por esto y estoy confiando en ti. Yo creo que de aquí a las seis de la tarde tú me permitirás cumplir con estas obras que me has entregado". ¿Saben qué? Para las 6:01 p. m. de ese mismo día, yo había terminado todo lo que tenía que hacer. Si en su soberanía hubiese determinado que no entregara a tiempo, Dios mismo se hubiese encargado de darme gracia con las personas con quienes me había comprometido para entregar lo acordado, aunque con algo de retraso. Nuestro Dios siempre va delante.

Nunca olvidemos que nuestro descanso está en el Señor. Frente a las dificultades, nuestro primer instinto podría ser angustiarnos o tratar de hacer todo en nuestras fuerzas, pero ese es el momento en el que no debemos colocar nuestra mirada en lo grande de la tarea o en lo incapaces que nos sentimos para cumplirla, sino en el poder, grandeza, sabiduría y misericordia de nuestro Dios. No quisiera que me malinterpreten. No estoy diciendo que seamos negligentes y que esperemos que Dios resuelva todos nuestros problemas. Lo que quiero decir es que se trata de ser diligentes y trabajar lo mejor que podamos mientras descansamos en que Dios utilizará esos esfuerzos para cumplir sus planes.

Incluso cuando todo parece imposible, Dios nunca dejará de ser nuestro Dios y nos ayudará cuando lo necesitamos para cumplir con las tareas que Él mismo nos ha encomendado para ser hechas en su tiempo y no el nuestro. Recordemos la exhortación del apóstol Pablo: "Por lo demás, fortalézcanse en el Señor y en el poder de su fuerza" (Ef 6:10).

DIOS CUMPLIRÁ SU PROPÓSITO EN MÍ

"Porque David, después de haber servido el propósito de Dios en su propia generación, durmió, y fue sepultado con sus padres" (Hch 13:36).

Dios nos ha creado con un propósito, y no moriremos hasta que ese propósito sea cumplido. Alguien me compartió en una ocasión que cuando uno de los nietos de Billy Graham falleció con solo cuatro años, alguien le expresó así sus condolencias al famoso predicador: "¡Qué pena que murió tan a destiempo!". Dicen que Graham respondió: "No murió 'tan joven'. Mi nieto murió cuando cumplió el propósito de Dios en su vida". A veces nuestra idea de Dios es muy humana (como nosotros) y llegamos a pensar en el Señor como alguien que hace planes, pero que luego puede cambiar de opinión, o como alguien que no siempre puede lograr lo planificado independientemente de las razones. Sin embargo, las Escrituras son claras: "También la Gloria de Israel no mentirá ni cambiará su propósito, porque Él no es hombre para que cambie de propósito" (1 S 15:29). El Señor cumple sus planes y nos invita a ser parte de estos. Cuando oramos, no buscamos cambiar su propósito, sino someternos a él. ¿Cómo oró Jesús? "Hágase Tu voluntad" (Mt 6:10).

Meditar en todas estas verdades debe llenarnos de paz y tranquilidad. ¿Cuál era la confianza y la oración del rey David, quien, como lo testificó Pablo, murió luego de cumplir con el propósito de Dios para su vida?,

"El Señor cumplirá Su propósito en mí;
Eterna, oh Señor, es Tu misericordia;
No abandones las obras de Tus manos" (Sal 138:8).

¿Lo crees? El Señor no abandona la obra de sus manos. Sin importar quienes somos humanamente —pobres o ricos, sanos o enfermos, fuertes o débiles— Dios cumplirá su propósito en nosotros. Él terminará la obra que comenzó en nosotros (Fil 1:6). Seamos diligentes con lo que nos toca y dejémosle el resto a Dios. Cuando nuestra misión termine aquí en la tierra, el Señor nos llevará a su presencia. Y ¿sabes qué? Yo me quiero ir, porque si ya cumplí con el propósito de Dios para mi vida, no quisiera vivir ni un solo momento de despropósito en la tierra.

Una última reflexión en cuanto al propósito de Dios para nuestras vidas antes de cerrar este capítulo. Una vez redimidos, Dios nos ha dado propósitos que solo los hijos de Dios pueden llevar a cabo, pero que son de vital importancia y que contribuyen a que nosotros podamos vivir una vida de completa satisfacción en Él.

El apóstol Pedro escribió: "Pero ustedes son linaje escogido, real sacerdocio, nación santa, pueblo adquirido para posesión de Dios, a fin de que anuncien las virtudes de Aquel que los llamó de las tinieblas a Su luz admirable" (1 P 2:9). Ese solo versículo nos deja ver cuán privilegiados somos al haber sido elegidos por Dios y al haber sido constituidos por Él como sacerdotes cuyas vidas se ofrecen como "sacrificio vivo y santo, aceptable a Dios" (Ro 12:1). Nosotros somos los corderos ofrecidos en el Antiguo Testamento y somos también los sacerdotes que ofrecen dichos sacrificios. No somos sacrificios muertos, sino sacrificios vivos como nos llama Pablo en el libro de Romanos.

Además, Pedro también nos revela que uno de nuestros propósitos como personas redimidas es proclamar y reflejar las virtudes o las excelencias de nuestro Dios. Ahora que hemos sido transferidos del mundo de las tinieblas al mundo de la luz, eso requiere vidas santificadas y labios dispuestos a testificar de Jesús y de su obra en nosotros, lo cual constituye nuestro testimonio. Ahora, no olvidemos que nuestro testimonio no es el evangelio. Este solo testifica del poder del evangelio. El testimonio de la vida de Cristo de principio a fin es el evangelio: la segunda persona de la Trinidad se encarnó, se hizo hombre e incluso se hizo siervo para cumplir la ley a cabalidad. Al término de su vida, sin haber conocido pecado (2 Co 5:21a), fue a la cruz y fue hecho pecado allí por nosotros. En ese madero murió en sustitución nuestra, pagando el precio de la deuda moral que teníamos con Dios. Al tercer día resucitó para que luego de haber completado su obra, nosotros pudiéramos llegar a ser justicia de Dios en Él (2 Co 5:21b).

La idea completa expresada en el párrafo anterior es congruente con las palabras de Pablo a los corintios: "Por tanto, somos embajadores de Cristo, como si Dios rogara por medio de nosotros, en nombre de Cristo les rogamos: ¡Reconcíliense con Dios!" (2 Co 5:20). Hemos sido constituidos como agentes de reconciliación por medio de su sangre. Ese es parte del propósito por el que hemos sido dejados en este mundo por el momento:

- Proclamar sus virtudes.
- Proclamar el evangelio para reconciliación del hombre.

CAPÍTULO CINCO

¿QUIÉN SOY?

IDENTIDAD

¿CÓMO NOS DEFINIMOS?

La interrogante que queremos responder en este capítulo está relacionada con la identidad de cada ser humano. A lo largo de los siglos, tanto pensadores intelectuales como personas comunes con diferentes corrientes de pensamiento han planteado esta pregunta y tratado de responderla de una manera compleja, ya sea desde el punto de vista filosófico, teológico o desde un punto de vista sencillo de acuerdo con el criterio del individuo común y corriente.

Ante la pregunta, "¿Quién eres?", muchos responderían de formas distintas: en primera instancia, revelaríamos nuestro nombre, y si es posible, incluso algunos llegaríamos a mencionar nuestro lugar de origen. En otras ocasiones, podríamos mencionar nuestra relación con alguien que la otra persona ya conoce: "Soy esposo de Cathy". Es también muy común responder a la pregunta con nuestra profesión u oficio o mencionando nuestro campo de estudio. La pregunta "¿Quién soy?" es común y hasta pudiera parecer trivial, sin embargo, es una pregunta compleja, con muchas respuestas posibles, cada una de ellas con implicaciones diversas. Como hemos visto, en términos humanos, las respuestas son múltiples, pero las más importantes son las dadas por nuestro Creador a través de las Escrituras. Ese es el lugar más seguro donde se nos revela lo que Dios dice que somos.

Escudriñemos las Escrituras.

SOY IMAGEN DE DIOS

La dignidad intrínseca del ser humano es algo reconocido incluso por el mundo secular. El artículo primero de la Declaración Universal de los Derechos Humanos —escrita en 1948, después de la Segunda Guerra Mundial— dice:

> "Todos los seres humanos nacen libres e iguales en dignidad y derechos y, dotados como están de razón y conciencia, deben comportarse fraternalmente los unos con los otros".[17]

Nosotros estamos de acuerdo con esta declaración. Sin embargo, tengo una pregunta para las personas que afirman esto sin creer en Dios: ¿Qué es lo que le da dignidad al ser humano? Si somos fruto del tiempo y átomos chocando al azar —mera materia evolucionada sin propósito alguno—, ¿cuál es la diferencia en valor y dignidad entre un hombre y un ratón? ¿Qué otorga más valor a la vida humana que a la de un insecto? Desde ese punto de vista, la respuesta más sincera sería, ¡nada! Otra pregunta similar es, ¿por qué debemos comportarnos amablemente los unos con los otros? Si hoy se nos dice que no hay valores absolutos, ¿cuál es la definición de un comportamiento amable? ¿Quién tiene la

---

17. Fuente: https://www.un.org/es/universal-declaration-human-rights/.

autoridad para definirlo? Si fundamentamos el origen de la vida humana en la materia, entonces no hay base para establecer el valor y la dignidad humana.

Por el contrario, los cristianos creemos en la dignidad del ser humano y sí tenemos bases objetivas para afirmarla. Dios mismo la ha revelado al declarar el origen de la humanidad:

"Y dijo Dios: «Hagamos al hombre a Nuestra imagen, conforme a Nuestra semejanza; y ejerza dominio sobre los peces del mar, sobre las aves del cielo, sobre los ganados, sobre toda la tierra, y sobre todo reptil que se arrastra sobre la tierra». Dios creó al hombre a imagen Suya, a imagen de Dios lo creó; varón y hembra los creó" (Gn 1:26-27).

El Señor no dijo todo esto sobre el mundo animal o vegetal, sino solamente respecto a los seres humanos. Cada ser humano, sea hombre o mujer, con todo y sus particularidades, tiene la misma dignidad y valor delante de Dios. Si no hay Creador que imparta su imagen sobre los seres humanos, el ser humano no es particularmente valioso entre el resto de la creación. Por ejemplo, para Platón, el ser humano era un bípedo sin plumas. Para Marx, el hombre era *Homo faber* ("hombre fabricante"), un simple instrumento productivo al servicio del Estado. Para Darwin, el ser humano no era más que un animal pensante.

Estas teorías no reflejan la realidad de la humanidad. Por eso es importante poner las cosas en orden. El Señor omnipotente decidió crear el universo. Después de hacer estrellas, planetas, plantas y animales maravillosos, decidió hacer algo superior a todo lo que ya había creado. Entonces formó al ser humano del polvo de la tierra.

Puede sonar un poco paradójico. El ser humano es digno (por gozar de la imagen de Dios) e indigno a la vez (debido a la corrupción moral después de la caída). Somos criaturas de Dios, pero el Señor se deleitó en colocarnos por encima de

toda la creación para reflejar su imagen y ser administradores
de lo que Él creó. David lo expresó así:

"Cuando veo Tus cielos, obra de Tus dedos,
La luna y las estrellas que Tú has establecido,
Digo: '¿Qué es el hombre para que te acuerdes de él,
Y el hijo del hombre para que lo cuides?'
¡Sin embargo, lo has hecho un poco menor que los
ángeles,
lo coronas de gloria y majestad!
Tú le haces señorear sobre las obras de Tus manos;
Todo lo has puesto bajo sus pies" (Sal 8:3-6).

Cuando Dios habla de hacernos a su imagen, utiliza la
palabra hebrea *"tselem"*, que significa "figura representati-
va". Cuando terminó de crear, les dijo a Adán y Eva: "¡Sean
mis representantes!". En las Escrituras encontramos evidencia
del alto valor que Dios tiene por su imagen dada al ser humano. Desde el principio Dios instituyó que, "El que derrame
sangre de hombre, Por el hombre su sangre será derramada,
Porque a imagen de Dios Hizo Él al hombre" (Gn 9:6). La
pena capital no es un concepto secular, sino de Dios. Debido
al gran valor que Él le ha dado a la vida humana, el Señor
estableció que no podía quedar impune el derramamiento de
sangre inocente. Noten que el pasaje anterior está después de
la caída estrepitosa de la humanidad. Aunque la imagen de
Dios ha sido distorsionada por el pecado, su dignidad y valor
permanecen, y Dios nos exige respetarla.

Otro pasaje que ilustra la importancia de la imagen de
Dios en nosotros aparece en una de las cartas del Nuevo
Testamento, "Con ella bendecimos a nuestro Señor y Padre, y
con ella maldecimos a los hombres, que han sido hechos a la
imagen de Dios" (Stg 3:9). Esta exhortación tan precisa debe
llevarnos a la reflexión, porque hablar mal unos de otros es
una práctica muy común entre los seres humanos. Cuando yo
peco en contra de una persona, ya sea con palabras o hechos,

estoy dañando a alguien que lleva la imagen de Dios impresa en él o ella. El Señor no toma esto a la ligera y nosotros tampoco deberíamos hacerlo.

Que Dios haya "soplado aliento de vida" sobre nosotros es lo que nos permite relacionarnos con Él espiritualmente. Cuando deseamos adorar, orar o meditar en el Señor no es algo que proviene de nuestra carne. Por el contrario, es el espíritu que Dios sopló en nosotros el que proporciona esos deseos. Este es uno de los aspectos más importantes de haber sido hechos a imagen de Dios. Los animales no tienen esa cualidad espiritual.

Otros aspectos importantes de la imagen de Dios —y que, nuevamente, tampoco compartimos con los animales— son la racionalidad, la voluntad moral y nuestra habilidad particular para relacionarnos. Juan Calvino decía que Dios creó al ser humano para "buscar y reunir verdad" (ver Col 3:10). El Señor nos ha dado capacidades para conocerle y comprenderle a través de su Palabra y su creación, aunque estas capacidades sean limitadas.

La voluntad moral es lo que nos hace responsables delante de Dios y, por consiguiente, culpables cuando no nos comportamos de manera recta. Es evidente que los animales hacen sus necesidades y llevan a cabo sus relaciones sexuales delante de todo el mundo y sin sentirse avergonzados por ello. Eso no ocurre entre nosotros, porque tenemos consciencia de nuestros actos.

Nuestra habilidad para relacionarnos entre nosotros refleja la relación perfecta que ha existido eternamente en la Trinidad. A través de esas relaciones con Dios y con otras personas podemos comunicar ideas y emociones, a diferencia de los animales que solo actúan por instinto.

Finalmente, hay otra característica divina que el Señor ha dispuesto que reflejemos: la inmortalidad. Aunque ninguno de nosotros es eterno, cada ser humano es inmortal. Todos tuvimos un principio (solo Dios existe desde la eternidad pasada), pero ningún ser humano tendrá un final definitivo para su existencia. Absolutamente todos, sin distinción, iremos a otro lugar para seguir viviendo después de morir. Unos estarán en la presencia de Dios y otros en la condenación eterna. Sea como sea, la vida humana no tiene final.

Hasta aquí hemos hablado de nuestra dignidad como seres humanos y de cómo Dios nos ha llamado a reflejar su imagen. Sin embargo, no debemos olvidar que esta dignidad no es un motivo para vanagloriarnos. La única razón por la que tenemos valor es porque el Señor así lo ha dispuesto. Si no fuera por Él, simplemente no tendríamos valor por nosotros mismos.

Hemos sido creados a imagen de Dios, pero es obvio que, en numerosos aspectos, somos distintos a Él. Podemos empezar diciendo que solo somos criaturas. Solamente Él es el Creador y eso lo hace distinto, separado, santo y trascendente. Estamos a una eternidad de su grandeza. Por otro lado, sufrimos una condición pecaminosa producto de la caída que ha distorsionado la imagen de Dios que nos fue dada. Todo nuestro ser ha sido afectado y con ello la posibilidad de glorificar a Dios por completo con nuestras vidas.

De lo que acabamos de decir se desprende que no podemos pasar por alto la necesidad de nuestra completa dependencia del Señor. Él no nos dejó solos para que viviéramos como pudiéramos después de habernos creado. Más bien, de manera permanente, "en Él vivimos, nos movemos y existimos" (Hch 17:28a). Ninguno de nosotros somos autosuficientes ni tampoco libres para hacer todo lo que queramos. Si Dios dejara de existir (lo cual obviamente es imposible), el universo entero también dejaría de existir al instante.

Cuando nos preguntamos "¿Quién soy?" debemos pensar no solo en nuestro gran valor como criaturas de Dios, sino aún más como hijos de Dios, cuando llegamos a creer en Él por su sola gracia. Pero aún así, somos profunda y absolutamente dependientes de nuestro Padre. Cuando reconozcamos nuestra total dependencia de Dios podremos caminar en su voluntad, aferrándonos a Él, conscientes de que separados de Él no podemos hacer nada (Jn 15:4-5).

COMO CREYENTE EN CRISTO, SOY HIJO DE DIOS

"En el ejercicio de Su voluntad, Él nos hizo nacer por la palabra de verdad, para que fuéramos las primicias de sus criaturas" (Stg 1:18).

Como vimos en el capítulo cuatro, Dios es el origen de todo lo que existe. Por lo tanto, podemos decir que cada persona y animal es una criatura de Dios (Sal 24:1). Pero ¿son todos los seres humanos hijos de Dios? La Biblia nos dice con absoluta claridad que solamente aquellos que han confesado a Jesucristo como su salvador reciben "el derecho de llegar a ser hijos de Dios" (Jn 1:12). Los cristianos hemos venido a ser más que criaturas de Dios. Ahora, en Jesucristo, tenemos el privilegio de ser llamados sus hijos (1 Jn 3:1).

Los primeros capítulos de las Escrituras nos muestran que la creación fue hecha buena y que el ser humano fue hecho "bueno en gran manera" (Gn 1:31). Sin embargo, toda esa perfección no duró mucho tiempo. Unos capítulos después, en Génesis 3, vemos la caída de la raza humana y con ellos todo el resto de la creación. Todos hemos sido separados de Dios debido al pecado de Adán (Ef 2:12). Nuestros corazones se rebelan contra nuestro Hacedor. Ahora, sin Cristo, somos esclavos del pecado y, como lo dijo el apóstol Pablo, "… la paga del pecado es muerte, pero la dádiva de Dios es vida eterna en Cristo Jesús Señor nuestro" (Ro 6:23). La única manera de llegar a ser hijos de Dios es a través del sacrificio sustitutorio de Jesús a nuestro favor. Como les dijo Pablo a sus discípulos de Corinto: "De modo que si alguno está en Cristo, nueva criatura es; las cosas viejas pasaron, ahora han sido hechas nuevas" (2 Co 5:17). Lo cierto es que no toda creación es nueva creación y, por lo tanto, no todo ser humano es un hijo de Dios.

SOY UN ESPÍRITU Y UN CUERPO

Vale la pena aprovechar este espacio para clarificar algo respecto a la condición humana. En la iglesia contemporánea es muy común la enseñanza de que el ser humano tiene espíritu, alma y cuerpo. Esta se conoce como la postura tripartita de la composición humana. Algunos utilizan la figura de la Trinidad para afirmar que, así como Dios es uno en tres personas, entonces también el ser humano tiene tres partes constitutivas. Otros utilizan el pasaje que enseña que la Palabra "Penetra hasta la división del alma y del espíritu" (Heb 4:12) para decir que el alma y el espíritu son diferentes. Estas afirmaciones son erróneas. Algunos utilizan la palabra "alma" para referirse al asiento de las emociones o al pensamiento. Pero en realidad, como podemos ver, esas son facultades humanas, no una tercera parte de la persona. Esto se puede entender con un ejemplo muy sencillo. Nosotros usamos la palabra "fuerza" para describir una capacidad física del ser humano, pero no podríamos decir que es una parte del cuerpo.

La postura histórica de la Iglesia ha sido que el ser humano está formado por dos partes: espíritu y cuerpo. El pasaje que mencionamos en la carta a los Hebreos no está hablando de la composición humana, sino del poder de la Palabra de Dios. El autor busca ilustrar que la Palabra es capaz de discernir los pensamientos más profundos del corazón humano.

Para saber lo que dice la Biblia sobre la constitución humana, necesitamos ir a los pasajes en donde se habla de la creación del ser humano y de su composición. El Señor dice: "Entonces el Señor Dios formó al hombre del polvo de la tierra, y sopló en su nariz el aliento de vida, y fue el hombre un ser viviente" (Gn 2:7). Este pasaje nos informa que Dios formó del polvo de la tierra el cuerpo del ser humano e infundió la parte espiritual a través de su aliento de vida.

Otro pasaje relevante a este tema es el siguiente: "Porque así como el cuerpo sin el espíritu está muerto, así también la fe sin las obras está muerta" (Stg 2:26). Aquí se identifican claramente las dos partes: el cuerpo está muerto sin el espíritu. Finalmente, un último pasaje: "Porque han sido comprados por un precio. Por tanto, glorifiquen a Dios en su cuerpo y en su espíritu, los cuales son de Dios" (1 Co 6:20). La idea central del pasaje es glorificar a Dios con todo lo que somos porque le pertenecemos a Él. De hecho, a lo largo de las Escrituras, las palabras "espíritu" y "alma" son intercambiables. Por ejemplo, este versículo dice, "… a fin de que su espíritu sea salvo en el día del Señor Jesús" (1 Co 5:5). Aquí vemos que lo que se salva es el "espíritu" mientras que, en este otro pasaje, "… salvará su alma de muerte" (Stg 5:20), se salva el "alma".

La idea de que somos tripartitos —espíritu, alma y cuerpo— fue, en realidad, "importada" de la filosofía griega. Los griegos y los gnósticos entendían que el cuerpo era algo contaminado, mientras que el espíritu era completamente puro. Estas dos partes no podían juntarse, aunque compartían el mismo lugar. Por eso ellos entendían que se necesitaba un puente. Ese puente era el alma. A pesar de que esta enseñanza tripartita es muy común en muchas iglesias, la mayoría de nosotros hablamos, por ejemplo, en términos bipartitos en un funeral. Solemos decir que el espíritu del creyente fallecido está con Dios y enterramos su cuerpo. Pero ¿qué pasó con el alma? Nunca se habla de ella en los funerales.

¿QUIÉN SOY, PRODUCTO DE LA CAÍDA?

Las Escrituras exponen, como ya mencionamos antes, que el ser humano no retuvo la posición de honra que Dios le otorgó en la creación. El apóstol Pablo enseña de este tema en diferentes cartas. En primer lugar, dice que los pecadores son "enemigos" de Dios (Ro 5:10); también dice que, sin Cristo, estábamos "muertos en sus delitos y pecados" (Ef 2:1). En su carta a los Romanos habla de que "todos pecaron y no alcanzan la gloria de Dios" (Ro 3:23); al escribirle a los corintios les dice que el dios de este mundo "ha cegado el entendimiento de los incrédulos" (2 Co 4:4); cuando le escribió a su discípulo Timoteo, le dijo que "cautivos de él [el diablo] para hacer su voluntad" (2 Ti 2:6). Esas son algunas características de la terrible condición del hombre caído. Pero, aún así, en medio de toda esa inmensa maldad, Dios valora la vida humana, planeó su redención a un alto precio, y nos llama a preservarla.

Como hemos visto hasta ahora, los seres humanos son capaces de las cosas más gloriosas y también de las más atroces. Les pregunto, ¿qué es lo que hace al ser humano capaz de hacer las cosas más sublimes? La imagen y semejanza de Dios en ellos. Es paradójico que les haga esta otra pregunta, ¿qué es lo que hace que el ser humano sea capaz de hacer las cosas más horrendas? Su condición caída y separada de Dios. Los seres humanos capaces de entregar su vida por otros cuando hay alguna crisis humanitaria son los mismos que asesinaron a seis millones de judíos en el Holocausto.

Quizá ningún otro pasaje nos deja ver la condición pecaminosa del ser humano tan claramente como lo que Pablo explicó en su carta a los Romanos:

"Pues aunque conocían a Dios, no lo honraron como a Dios ni le dieron gracias, sino que se hicieron vanos en sus razonamientos y su necio corazón fue entenebrecido. Profesando ser sabios, se volvieron necios, y cambiaron la gloria del Dios incorruptible por una imagen en forma de hombre corruptible, de aves, de cuadrúpedos y de reptiles.

"Por lo cual Dios los entregó a la impureza en la lujuria de sus corazones, de modo que deshonraron entre sí sus propios cuerpos. Porque ellos cambiaron la verdad de Dios por la mentira, y adoraron y sirvieron a la criatura en lugar del Creador, quien es bendito por los siglos. Amén.

"Por esta razón Dios los entregó a pasiones degradantes; porque sus mujeres cambiaron la función natural por la que es contra la naturaleza. De la misma manera también los hombres, abandonando el uso natural de la mujer, se encendieron en su lujuria unos con otros, cometiendo hechos vergonzosos hombres con hombres, y recibiendo en sí mismos el castigo correspondiente a su extravío.

"Y así como ellos no tuvieron a bien reconocer a Dios, Dios los entregó a una mente depravada, para que hicieran las cosas que no convienen. Están llenos de toda injusticia, maldad, avaricia y malicia, llenos de envidia, homicidios, pleitos, engaños, y malignidad. Son chismosos, detractores, aborrecedores de Dios, insolentes, soberbios, jactanciosos, inventores de lo malo, desobedientes a los padres, sin entendimiento, indignos de confianza, sin amor, despiadados. Ellos, aunque conocen el decreto de Dios que los que practican tales cosas son dignos de muerte, no solo las hacen, sino que también dan su aprobación a los que las practican" (Ro 1:21-32).

Cuando encuentras una sociedad donde todo este pecado abunda (como en la nuestra), no es simplemente que el ser humano se ha vuelto malo o está pasando por una mala etapa. Esa es la realidad de sus corazones. Ese es solo el comienzo. El Señor también nos revela que Él le ha dado la espalda a la sociedad y le ha dado lo que ellos querían, aunque es para su propia destrucción. Lo peor que nos puede ocurrir es que Dios nos permita hacer lo que queremos hacer. Jamás quisiera estar allí. Una de mis oraciones más frecuentes es: "Dios, no dejes que me equivoque".

Esa entrega a sus propios deseos es lo que Dios hizo con faraón al endurecer su corazón. El Señor no es autor de pecado, lo que hizo simplemente fue dejar a faraón sin freno. Es como si Dios le hubiera dicho, "¿Qué es lo que quieres hacer? ¿Quieres ir en esa dirección? Pues, anda". Cuando el Señor nos suelta, es entonces cuando nuestra consciencia, que antes decía "no hagas" y nos hacía sentir culpable por nuestra maldad, de repente deja de funcionar. Cuando alguien llega a ese punto ya no se siente mal cuando peca; deja de sentirse acusado. Dios quita todos los frenos y la persona empieza a andar conforme a sus deseos. Pero cuidado, recordemos lo que dice el proverbista, "hay camino que al hombre le parece derecho, pero al final, es camino de muerte" (Pr 14:12).

Eso es parte de la corrupción de la imagen de Dios en la humanidad. Dios hizo al ser humano a su imagen y semejanza, pero cayeron por su pecado. A pesar de todo, la esperanza permanece. Aunque la imagen está distorsionada y manchada, no está perdida. Cristo vino para redimirnos, pagando el precio por nuestro pecado a precio de su propia sangre. El Señor está obrando para devolvernos lo que éramos y hacernos sus hijos. Si estás en Cristo, "soy un hijo de Dios por Jesucristo" es la respuesta más importante a la pregunta "¿Quién soy?".

JESÚS HONRA LA VIDA HUMANA

El Dr. Antonio Cruz, en su libro *Bioética cristiana*, comenta que, "el que Jesús se encarnara en nuestra propia naturaleza y asumiera ser parte de la historia de la humanidad, ennoblece y consagra todo lo humano".[18] Cruz también dice lo siguiente:

"... el Hijo de Dios, Jesucristo, que se muestra en las páginas del Nuevo Testamento no es como un héroe de

---

18. Antonio Cruz, *Bioética Cristiana* (Barcelona: Editorial CLIE, 2008), p. 56.

la mitología griega que era presentado como un paladín de la belleza, campeón de los poderosos o adalid de las castas nobles. Todo lo contrario, Jesús se mezcla entre los enfermos, inválidos, prostitutas y desposeídos. Él mismo es marginado, habiendo nacido en un establo y siendo hijo de un humilde carpintero; incluso habla acerca de los pobres, encarcelados y hambrientos como sus hermanos pequeños (ver Mt 25:30)".[19]

La singular grandeza del mensaje de Jesucristo consiste en lo siguiente: Dios se humilló y se hizo hombre para hacer de unas criaturas infelices y muertas, personas vivas y verdaderas. Esa es la manera definitiva y gloriosa con la que Jesús honra la vida humana. Jesús resucitó en un cuerpo humano, así que no podemos negar que su encarnación ennobleció a los seres humanos. Necesitamos recordar la importancia de representar la imagen de Dios que nos ha sido dada y vivir conforme a ella.

19. Ibíd. 56

CAPÍTULO **SEIS**

¿QUÉ ES BUENO Y QUÉ ES MALO?

MORALIDAD

EL PAPEL DE LA CONSCIENCIA

Las interrogantes más importantes de la vida y el mundo en que vivimos, de una u otra forma, han sido parte de cada generación desde el principio de la raza humana. De todas ellas, las preguntas sobre moralidad son quizás las que hacen más obvia esta realidad. Es muy probable que todos hemos escuchado a un niño o a un joven decir, "¡No es justo!" o "Eso no está bien".

Las Escrituras nos enseña que, sin importar de dónde venimos o qué creamos sobre Dios, Él nos ha creado con consciencia como parte de su imagen en nosotros. Y es esa conciencia la que nos convierte en seres morales. Como lo explica el apóstol Pablo:

"Porque cuando los gentiles, que no tienen la ley, cumplen por instinto los dictados de la ley, ellos, no teniendo la ley, son una ley para sí mismos. Porque muestran la obra de la ley escrita en sus corazones, su conciencia dando testimonio, y sus pensamientos acusándolos unas veces y otras defendiéndolos" (Ro 2:14-15).

La conciencia es lo que otorga a los humanos un nivel básico de entendimiento de lo que es bueno y malo. Por supuesto, esto no quiere decir que la consciencia informe con total detalle lo que debemos hacer o no (para eso tenemos revelación especial, la Biblia). La función de la consciencia es permitirnos juzgar nuestras acciones de manera rudimentaria, ayudándonos a determinar si estamos obrando correctamente o no. Es importante notar que esto no tiene nada que ver con nuestro propio carácter y personalidad. Muchas personas se escudan en la idea de "yo soy así" para justificar su moralidad y sus acciones. Sin embargo, la moralidad del ser humano es algo que está íntimamente ligado al carácter de *Dios*. Para determinar si algo es bueno o malo no debemos vernos a nosotros mismos, nuestras preferencias, gustos o culturas, sino al Señor. La ley que Dios nos ha entregado es una ley basada en su carácter. Considera estos pasajes:

"Y el uno al otro daba voces diciendo:
'Santo, Santo, Santo es el Señor de los ejércitos;
llena está toda la tierra de Su gloria'" (Is 6:3).

"Dios es juez justo,
Y un Dios que se indigna cada día
contra el impío" (Sal 7:11).

"La justicia y el derecho
son el fundamento de Tu trono;
La misericordia y la verdad van delante de Ti"
(Sal 89:14).

La existencia de la consciencia nos habla de la existencia de Dios. Mencionamos aquello en el capítulo cuatro cuando explicamos el argumento moral. De la materia inerte, evolucionada al azar, es imposible el surgimiento de la consciencia, solo Alguien moral pudo habernos dado ese sentido de lo que es bueno y malo.

Ese "Alguien" que acabamos de mencionar es la base de toda verdad y es esa verdad la que permite separar lo moral de lo inmoral o lo bueno de lo malo. Es interesante recordar que Cristo dijo: "Yo soy, el camino, **la verdad** y la vida" (Jn 14:6a, énfasis mío). Por otro lado, fue Cristo mismo quien dijo a Pilato: "... Yo he nacido y para esto he venido al mundo, **para dar testimonio de la verdad**" (Jn 18:37, énfasis mío). Dicho de otra manera, Jesús no solo declaró aquello que es verdad, sino que, al mismo tiempo, no podía declarar otra cosa, porque Él es la verdad.

Jesús encarnó y personificó la verdad. Para sellar la idea de que la verdad está íntimamente relacionada con Dios, recordemos que Jesús también dijo que Él había venido para dar a conocer al Padre (Jn 1:18) y llegó a afirmar, "Yo y el Padre somos uno" (Jn 10:30). La verdad y la moralidad son inseparables.

LAS CARACTERÍSTICAS DE LA VERDAD

Cuando hablamos de moralidad, muchas personas piensan que nos referimos a reglas. Eso es un error. Las reglas cambian, la verdad moral no, porque sale de un Dios inmutable (Stg 1:17). Cuando visitamos un país diferente al nuestro es posible que encontremos reglas diferentes —a qué hora se entra y sale del trabajo o el límite de velocidad vehicular, por ejemplo— pero la verdad moral que está detrás de estos lineamientos es **inmutable**. En este caso, lo moral detrás de estas reglas es la fidelidad al compromiso asumido y el respeto a la vida de los demás.

En los libros del Pentateuco encontramos numerosas regulaciones para el servicio en el templo, desde el lavado de manos y pies hasta el tipo de telas que se debían utilizar para las prendas sacerdotales. Esas leyes ceremoniales del Antiguo

Testamento ya no aplican hoy. Sin embargo, ¿cuál es la verdad inmutable detrás de esas reglas? La santidad de Dios.

Estos valores o verdades morales no son solo inmutables, también son **prescriptivos**. Esto significa que no son opcionales. Debo obedecerlos porque si no lo hago, entonces sufriré las consecuencias. Para algunos, esta idea resulta tiránica, pero no debemos olvidar que Dios es Dios y nosotros sus criaturas. Él es nuestro Creador, completamente sabio, infinitamente santo, justo sin medida y cuya benevolencia no puede ser medida. Él ha establecido lo que es bueno y la forma en que debemos vivir. Por eso, tiene todo el derecho de demandarnos obediencia.

La verdad es objetiva. La moralidad no se determina por lo que alguien sienta, crea, opine o le favorezca; por lo tanto, nunca dependerá del individuo. Esto es más importante de lo que parece a simple vista. Por ejemplo, una persona cristiana afirma algo y otra persona le responde, "Bueno, eso lo dices porque eres cristiano, pero para mí eso no es cierto". La realidad es que el ser cristiano no hace una verdad cierta o incierta, ya que esta es independiente del individuo. Yo pudiera decir de la forma más orgullosa posible que la tierra es redonda y eso no cambiaría la verdad. Por otro lado, pudiera afirmar de la forma más humilde posible que la tierra es cuadrada y eso no cambiaría el error.

La verdad es descubierta. Las verdades morales existen independientes de nosotros, tal como lo explicamos anteriormente. Ellas son identificables porque Dios las ha revelado en su Palabra, en su creación (ej., la ley de la gravedad) y en nuestra consciencia. La verdad moral es descubierta y no creada o inventada por los seres humanos, ya que es Dios, y no nosotros, quien la determina.

La verdad es exclusiva. Cuando la verdad se sienta en el trono, empuja al error a un lado. Eso es cierto en todos los ámbitos del quehacer humano. No es lógico afirmar que dos declaraciones morales que se oponen una a la otra son ambas ciertas. Una de ellas tiene que estar equivocada. *La ley de la* *no contradicción* establece que dos afirmaciones contrarias no pueden ser ciertas *al mismo tiempo y en el mismo sentido.* Por ejemplo, el hielo no puede ser sólido y líquido a la vez. Por otro lado, el agua puede ser líquida y sólida, pero no ambos estados a la vez.

Un ejemplo adicional. Algunos afirman que los cristianos nos contradecimos al decir que Dios es uno y que existe en tres personas. Esto no representa una contradicción en lo más mínimo, porque nuestra afirmación es la siguiente: Dios es uno en *esencia* y tres en *personas.* Estamos hablando en dos sentidos distintos. Una contradicción sería afirmar que Dios es uno en esencia y tres en esencia, o que Dios es uno en persona y tres en personas.

La verdad es transcultural y universal. No podemos decir que algo es bueno exclusivamente para nuestra sociedad y malo para otra sociedad diferente. Si es bueno, es bueno de manera universal, más allá de cualquier cultura y costumbre.

Toda verdad es verdad de Dios. No importa quién la diga ni qué cultura la defienda. La verdad está anclada a nuestro Señor, mientras que la mentira está anclada a Satanás, el padre de toda mentira (Jn 8:44).

EL PROBLEMA DEL MAL

El dilema de la existencia del mal en vista de la existencia (para algunos, la potencial existencia) de un Dios benevolente y todopoderoso ha causado múltiples debates y aun divisiones, en círculos académicos y no académicos. Unos han tratado de explicar la existencia del mal limitando a Dios, otros, negando a Dios, y aún muchos más, negando la realidad de la existencia del mal.

En 1981, un rabino de nombre Harold Kushner, escribió un libro titulado *When Bad Things Happen to Good People* [Cuando cosas malas le ocurren a gente buena], en el que trató de explicar la existencia del mal mientras afirmaba al mismo tiempo la existencia de un Dios, cuya naturaleza es buena y amorosa.

Kushner había perdido a su hijo de 14 años debido a una enfermedad genética que causa envejecimiento acelerado. El padre entró en una crisis con su pérdida, lo cual es entendible. Pero al mismo tiempo, experimentó sentimientos encontrados cuando trataba de explicar a este Dios que permite que cosas como estas ocurran en su creación. Kushner estimó que la enfermedad era obviamente algo "malo" y al mismo tiempo entendió que ellos eran personas buenas; de ahí se desprende el nombre de su libro, "Cuando cosas malas le ocurren a gente buena".

El rabino comienza a hacerse la pregunta, ¿es este Dios todopoderoso? ¿Es este Dios todo-benevolente? La conclusión a la que arribó es que ciertamente este Dios existe y es todo bueno, pero no tiene todo el poder. Anteriormente, ya otros habían llegado a una conclusión similar. Lamentablemente, este padre, rabino de profesión, llegó a dicho entendimiento después de una pérdida significativa y, por lo tanto, posiblemente estaba en medio de una crisis existencial. Sinceramente, no era un buen momento para sacar conclusiones de temas teológicos complejos.

C. S. Lewis perdió a su esposa y entró en una profunda crisis. Él venía de un trasfondo ateo y afirma en uno de sus libros que el problema que enfrentó cuando estaba en crisis no era por el sufrimiento y la muerte de su esposa. Sino que ante la posibilidad de la existencia de Dios, este pudiera ser casi como una especie de monstruo, un ogro divino. Eso era peor que si no existiera. Personalmente creo que eso tiene mucho sentido, porque si ese fuera el Dios que verdaderamente existe, eso es peor que si no existiera.

El problema de la existencia del mal puede delinearse de esta manera:

1) Dios existe.
2) Dios es omnipotente.

3) Dios es omnisciente.

4) Dios es omnibenevolente.

5) Dios creó el mundo.

6) El mundo contiene pecado y, como consecuencia, está marcado por el dolor y el sufrimiento.

Con esto, volvemos a la pregunta que muchos se hacen, ¿cómo es posible que un Dios todo bueno y todopoderoso haya creado un mundo en donde existe tanta maldad que provoca inimaginable dolor en sus criaturas? Si Dios tiene el poder de destruir el mal, ¿por qué todavía existe entre nosotros?

Podríamos afirmar que Dios existe y el mal existe, pero quizá no quiere hacer nada al respecto (en otras palabras, Él no es bueno). Tal vez Dios quiere eliminar el mal, pero no sabe cómo (en tal caso, Él no es omnisciente) o quizás sabe qué hacer, pero no puede lograrlo (es decir, Él no es omnipotente). Es evidente que ninguna de las opciones anteriores es cierta a la luz de lo revelado en la Biblia. Entonces, ¿qué hacemos? Examinemos más de cerca las posibles soluciones del dilema.

Opción #1: Dios es finito

Dentro de esta solución —conocida como "deísmo finito"— se encuentran aquellas respuestas que niegan algún aspecto del carácter del Dios de la Biblia. Para sus proponentes, el problema del mal se "resuelve" estableciendo que Dios no es todopoderoso o no es omnisciente. Esta es la enseñanza del movimiento conocido como de "teología abierta". Ellos postulan que Dios no conoce todo de antemano, sino que Él se va enterando de cómo van ocurriendo las cosas y reacciona a las circunstancias según su sabiduría. De esa manera, se podría decir que Dios va mejorándose a sí mismo.

El deísmo finito, por supuesto, no es compatible con la Palabra de Dios. Tampoco es una verdadera solución al problema del mal. Los que abrazan esta perspectiva tendrán que reconocer que conciben a un dios que hizo un universo que no puede controlar. Entonces surge otra pregunta, ¿será este dios, realmente Dios? El deísmo finito destruye toda esperanza de que el pecado y el dolor desaparezcan algún día, porque su "dios" limitado no puede garantizarnos que así sea. Al contrario, si Dios es finito y no puede controlar el universo, es probable que el mal siga aumentando y que termine destruyéndonos a todos (incluyendo a este "dios").

Opción #2: Dios no existe

Concluir que Dios no existe debido a la existencia del mal es ilustrado por C. S. Lewis al decir que eso es como cortar la rama sobre la que uno está sentado. Si Dios no existe, entonces no hay ninguna ley moral con la que pueda juzgarse las circunstancias que considero malas. En ese sentido, podríamos concluir que, si Dios no existe, entonces el mal tampoco. Si el mal no es real, entonces tampoco podemos usarlo para negar la existencia de Dios, porque no habría marco de referencia para juzgarlo como tal.

Si los seres humanos son simplemente materia evolucionada al azar, igual que las vacas y los cerdos que nos comemos todos los días, ¿cuál es el problema con que los seres humanos sean exterminados de la misma manera que los animales que usamos como alimento? Para abordar el problema del mal, el ateo quiere apelar al concepto de dignidad humana y al concepto del bien y el mal, sin aceptar la existencia de Dios, que finalmente es lo único que provee un fundamento para la dignidad humana y para determinar lo que es bueno y malo. Sin Dios no hay una manera lógica que permita decir que los seres humanos son inherentemente valiosos o que el genocidio es reprobable. Por tanto, el solo afirmar que Dios no existe tampoco soluciona realmente el problema del mal.

Opción #3: El mal no existe

Algunos afirman que la verdadera solución al problema del mal es simplemente reconocer que el mal no existe, que es una mera ilusión como, por ejemplo, se postula en el hinduismo. Las cosas son como son y no hay nada que hacer al respecto, el sufrimiento solo está en nuestras mentes. Pero me pregunto, ¿será posible vivir de manera consistente abrazando tal creencia? Esto significaría que cuando alguien viole tus derechos o los de alguien que amas, no deberías querer ni hacer absolutamente nada, hasta el punto de ni siquiera darle importancia al hecho porque, al final, ¡todo es una ilusión!

Si afirmamos que el mal no existe, no tiene sentido establecer leyes ni un sistema para mantener la justicia. Si el sufrimiento no es algo real, no necesitas anestesia cuando seas sometido a una operación, pues el dolor solo está en tu mente. Es obvio que con esta postura no se puede vivir de manera consistente, así que no es una solución satisfactoria para el problema del mal.

Opción #4: Teísmo bíblico

Un buen punto de partida es preguntarnos, ¿qué es lo que la Biblia enseña en cuanto al problema del mal? Las respuestas son directas y claras: Dios existe, el mal existe y Dios es omnipotente, omnisciente y omnibenevolente. La Biblia también expone con claridad que el Señor controla el mal y aun lo puede utilizar para realizar un bien mayor. Esa es la afirmación realizada por el apóstol Pablo:

> "Y sabemos que para los que aman a Dios, todas las cosas cooperan para bien, esto es, para los que son llamados conforme a su propósito. Porque a los que de antemano conoció, también los predestinó a ser hechos conforme a la imagen de su Hijo, para que Él sea el primogénito entre muchos hermanos" (Ro 8:28-29).

En el sentido último de las cosas, para los hijos de Dios no hay nada malo, porque las peores cosas que puedan ocurrirnos, Dios las hará cooperar para bien.

El mal no permanecerá para siempre, sino que será destruido de manera definitiva cuando Dios termine de cumplir sus propósitos en la creación. Esta perspectiva es lógica y consistente con la revelación bíblica y nuestra propia experiencia.

UNA BREVE VISIÓN PANORÁMICA DE LA HISTORIA BÍBLICA DE LA VICTORIA SOBRE EL MAL

Exploremos esta postura desde el comienzo de la historia en la Biblia. Génesis nos presenta a Dios creando un mundo perfecto, donde el mal no existía. El primer hombre y la primera mujer fueron creados sin pecado, y Dios vio "... lo que había hecho, y era bueno en gran manera" (Gn 1:31). Más adelante, vemos caer al ser humano. Adán y Eva obedecieron a Satanás en lugar de escuchar la voz de Dios, comieron del fruto prohibido y violaron la ley dada por su Creador (Gn 3:6-7). Dios dice que "el hombre ha venido a ser como uno de Nosotros, conociendo ellos el bien y el mal" (Gn 3:22). Sin embargo, el Señor no dejó a los seres humanos a su suerte después de que llegaron a conocer el mal. En esa misma sección encontramos la primera promesa de redención, el anuncio de que Dios destruiría el mal para siempre a través de un descendiente de la mujer,

> "Pondré enemistad
> Entre tú y la mujer,
> Y entre tu simiente y su simiente;
> Él te herirá en la cabeza,
> Y tú lo herirás en el talón" (Gn 3:15).

Esta simiente es Jesucristo.

El final de la historia lo encontramos en el Apocalipsis (caps. 21 – 22). Allí se nos revela que no solo serán glorificados los humanos, sino también toda la creación, y viviremos en un universo donde el mal ya no existirá. El siguiente bosquejo le permitirá ver más claramente el proceso establecido en la Palabra con respecto a la existencia y la desaparición del mal:

Génesis 1:31	Creación	No existe el mal
Génesis 3:6-7	Caída	Existe el mal
Génesis 3:15, 21	Redención	Dios usa el mal
Apocalipsis 21:1, 4; 22:3	Glorificación	Desaparece el mal

Cuando Dios creó al hombre a su imagen y semejanza, lo dotó de libre albedrío, es decir, le dio la capacidad de decidir entre el bien (obedecer a Dios) y el mal (desobedecer a Dios). Después de la caída, este libre albedrío se perdió porque la voluntad del ser humano quedó esclavizada al pecado (2 Ti 2:25-26). El apóstol Pablo nos dice que "tal como el pecado entró en el mundo por medio de un hombre, y por medio del pecado la muerte…" (Ro 5:12). Esto evidencia que el pecado no estaba en la creación, sino que entró a través del pecado de Adán. Paradójicamente, la maldad entró al mundo como resultado de algo bueno: la libertad que Dios le dio al hombre de elegir.

Nada de lo que hemos mencionado sorprendió al Señor. Él sabía que todo esto sucedería y aun así, en su sabiduría, decidió crear la humanidad e incluso utilizar sus malas decisiones para su gloria. El que Dios use el dolor para alcanzar un fin mayor no debería sorprendernos. Nosotros lo hacemos todo el tiempo. Los padres llevan a sus hijos a vacunarse o al dentista con regularidad, a pesar del dolor que ellos experimentan. También permiten que se caigan mientras están aprendiendo a caminar. El sufrimiento es necesario para crecer en este mundo caído. Es evidente que nadie en su sano juicio diría, "deja que el niño juegue cerca del precipicio o con cuchillos para que aprenda". El propósito de ese sufrimiento sin sentido nunca sería un bien mayor. De manera similar, pero a un nivel infinitamente mayor, Dios conoce nuestras circunstancias y permite que atravesemos por el sufrimiento para cumplir sus propósitos para su gloria y nuestro bien, pero siempre controlando los peligros y las amenazas para que estos no impidan que sus fines sean logrados.

La afirmación anterior se ve muy bien reflejada en la vida de José, quien fue vendido como esclavo por sus propios hermanos. Luego de años de sufrimiento e injusticia, José terminó como mano derecha del faraón en Egipto. Después de la muerte de su padre, Jacob, los hermanos de José tuvieron miedo de que ahora decidiera vengarse por lo que le habían hecho, por lo que mandaron a decirle que Jacob había pedido que los perdonara por "la terrible maldad que sus hermanos cometieron contra él". ¿Cómo reaccionó entonces José? Esto fue lo que sucedió:

> "Y José lloró cuando le hablaron. Entonces sus hermanos vinieron también y se postraron delante de él, y dijeron: «Ahora somos tus siervos». Pero José les dijo: «No teman, ¿acaso estoy yo en lugar de Dios? Ustedes pensaron hacerme mal, pero Dios lo cambió en bien para que sucediera como vemos hoy, y se preservara la vida de mucha gente" (Gn 50:17b-20).

Evaluemos esta situación con objetividad. ¿Valió la pena que un individuo fuera vendido como esclavo para que, años después, mucha gente pudiera ser salvada? Absolutamente. Sin embargo, considera la pregunta de José, "¿acaso estoy yo en lugar de Dios?"; él está reconociendo que Dios es el que juzga las circunstancias de acuerdo con su voluntad, porque fue Dios quien permitió el dolor que sufrió para que, al final de todo, hubiera un bien mayor.

Esta misma explicación es la que encontramos detrás de un pasaje que acabamos de citar, "Y sabemos que para los que aman a Dios, todas las cosas cooperan para bien, esto es, para los que son llamados conforme a Su propósito" (Ro 8:28). Si realmente se trata de todas las cosas, eso debería incluir todo lo malo, todo lo que me duele, todo lo que pierdo, toda la iniquidad del mundo. ¿Necesitamos más evidencias de que Dios usa el mal para un bien mayor? Basta solo mirar a la cruz para comprenderlo. Examina cómo lo explica el apóstol Pedro cuando está realizando su apología cristiana frente al concilio judío:

> "Porque en verdad, en esta ciudad se unieron tanto Herodes como Poncio Pilato, junto con los gentiles y los pueblos de Israel, contra Tu santo Siervo Jesús, a quien Tú ungiste, para hacer cuanto Tu mano y Tu propósito habían predestinado que sucediera" (Hch 4:27-28).

Dios predeterminó la historia de tal manera que su Hijo fuera entregado por Herodes, Pilato, los gentiles y los judíos para redimir a millones de seres humanos. La mayor iniquidad concebible es la humillación y muerte de Dios el Hijo. Sin embargo, Dios Padre dijo: "Lo permito". ¿Por qué? Porque hay un bien mayor.

A pesar de que Dios está usando el mal para su gloria y nuestro bien, eso no se mantendrá así por la eternidad; como ya lo explicamos, la maldad y el sufrimiento serán destruidos para siempre. La noche acabará y la luz de la aurora vendrá. El invierno terminará y dará paso a la primavera.

Hasta ahora hemos visto que el bien y el mal existen. El bien se define de acuerdo con el carácter de Dios. Así que volvamos a hacernos la pregunta, ¿cómo reconciliamos la idea de que Dios es omnibenevolente y aun así permite que la maldad continúe en su creación? La respuesta es que reconocemos que Él está redimiendo todas las cosas, remediando aquello que se arruinó debido al pecado del hombre. Si Dios hubiera eliminado de una vez toda la maldad, tú y yo también hubiésemos sido eliminados para siempre. Pero el Señor tenía el propósito de salvar a sus hijos, así que está siendo paciente con el pecado y la iniquidad temporalmente, permitiendo el dolor y el sufrimiento porque tiene un propósito sublime: una eternidad llena de gozo con sus hijos, sin lágrimas ni aflicción.

"Él enjugará toda lágrima de sus ojos, y ya no habrá muerte, ni habrá más duelo, ni clamor, ni dolor, porque las primeras cosas han pasado. Y el que está sentado en el trono dijo: He aquí, yo hago nuevas todas las cosas. Y añadió: Escribe, porque estas palabras son fieles y verdaderas" (Ap 21:4-5).

Quisiera cerrar este capítulo con una breve exhortación. Que la cosmovisión bíblica explique la existencia del bien y del mal, no significa que debemos ofrecer respuestas simplistas a las personas que puedan estar pasando por un profundo sufrimiento. El cristianismo nos enseña que el dolor es algo real que refleja la condición quebrantada de este mundo. Nos indica que algo no está bien y nos llama a buscar respuestas. Exploraremos más sobre el tema del sufrimiento en el siguiente capítulo.

CAPÍTULO SIETE

¿CREÓ DIOS EL MAL?

SUFRIMIENTO

En el capítulo anterior aprendimos sobre la existencia del bien y el mal. De acuerdo con las Escrituras, Dios es quien define lo que es bueno y malo. Por lo tanto, no se trata ni de una ilusión ni una construcción social. La maldad es una realidad que revela la condición caída del mundo y de todo corazón humano. También hablamos un poco de la razón por la que un Dios todopoderoso y todo benevolente pareciera "no haber hecho nada" respecto al mal que abunda en el mundo. En este capítulo exploraremos con mayor profundidad dicho tema.

Una vez que se ha establecido que el mal es real y universal, surgen preguntas respecto al carácter de Dios y su manera de manejar la maldad y el dolor que esta provoca.

¿POR QUÉ SUFRIMOS?

Antes de empezar a responder a esta pregunta es necesario mencionar que el sufrimiento no es un tema que deba tomarse a la ligera. No trataré de aclarar la teología ignorando el dolor que produce la maldad en la humanidad. Debemos ser sensibles y no simplistas cuando respondemos la pregunta acerca del sufrimiento. Analicemos, entonces, algunas razones para el sufrimiento humano:

1. Sufrimos porque vivimos en un mundo caído.

Es importante recordar que la caída del hombre en pecado no solo afectó a toda la raza humana, sino a toda la creación. Antes de la caída no había enfermedad ni dolor en el mundo. Todo lucía muy distinto. Hoy vivimos en un lugar donde la gente envejece, se enferma y también se hace daño el uno al otro. No es lógico esperar que en este mundo caído las cosas sean como antes de que el pecado entrara al mundo. No es realista pensar de esa manera.

2. En ocasiones, sufrimos por el pecado de nuestros familiares.

En general, todo sufrimiento es consecuencia de la condición caída del mundo. Pero eso no significa que también seamos responsables de cada sufrimiento o dolor padecido. Hay ocasiones en las que una persona sufre como consecuencia del pecado cometido por sus padres. Por ejemplo, una madre drogadicta que termina infectada con el virus del SIDA y lo transmite a su bebé. El pequeño no tiene la culpa de la drogadicción de su madre, pero sufre las consecuencias del pecado de ella.

3. Otras veces, sufrimos por el pecado de diversas personas.

José fue vendido por sus hermanos. David fue perseguido por Saúl. Abel fue asesinado por Caín. Parte del sufrimiento que experimentamos en este mundo quebrantado por el pecado es provocado por personas que pecan contra nosotros. Y a la vez, tenemos que admitir que nosotros mismos hemos sido causa de sufrimientos para otros.

4. Con frecuencia, sufrimos por nuestro propio pecado.

Es fácil mirar hacia afuera y acusar a otros por nuestro sufrimiento. Sin embargo, también debemos mirar hacia adentro y reconocer que con frecuencia la culpa recae sobre nosotros. Si yo me embriago esta noche, salgo en el auto y atropello a alguien dejándolo paralítico, no puedo terminar cuestionando y atacando a Dios por lo que ocurrió. Es importante que reconozcamos nuestro pecado y admitamos que no todo nuestro sufrimiento personal tiene que ver con los demás, sino con nuestra propia rebeldía y separación de Dios. En la ilustración anterior, yo soy quien ha infringido la ley.

No quisiera perder la oportunidad para exhortarles a que evitemos lo que se conoce como la teología de la retribución. Los que la propugnan sostienen que la adversidad *siempre* tiene su origen en un pecado cometido. No estamos negando que el pecado tiene consecuencias, pero no toda adversidad es producto de mi pecado. Job es un ejemplo de esto. Sus amigos intentaron explicar que su situación había sido causada por su pecado, cuando no era así. Antes de todo su dolor, Dios declaró a Job como un hombre "intachable, recto, temeroso de Dios y apartado del mal" (Job 1:1).

Tratar de justificar toda adversidad como fruto de algún pecado cometido, es un error que también puede generar mucho sufrimiento y desasosiego espiritual.

5. Sufrimos para la gloria de Dios.

Esta realidad es difícil de aceptar para muchos creyentes, especialmente ahora que se ha popularizado un cristianismo espurio que solo ofrece bienestar y prosperidad material. Debemos tener presente las palabras de Jesús con respecto al ciego de nacimiento: "Ni este pecó, ni sus padres; sino *que está ciego* para que las obras de Dios se manifiesten en él"

(Jn 9:3). La creencia entre los judíos del primer siglo era que si alguien nacía con un defecto físico o alguna enfermedad, era como resultado de algún pecado cometido por los padres o por el feto en el vientre. Seguramente no fue nada fácil para este hombre vivir ciego tanto tiempo, pero si reflexionamos, la ceguera fue lo mejor que pudo haberle ocurrido. Fue a través de su sanidad que llegó a tener un encuentro con Jesús; luego creyó y fue salvo. Solo unas décadas de ceguera física para ser sanado de su ceguera espiritual y pasar toda la eternidad en la gloria.

Cuando vemos a alguien con una enfermedad o atravesando alguna dificultad, nuestro primer instinto suele ser buscar un culpable. ¿Qué hicieron para que su hijo naciera con esa deformidad o condición? ¿Por qué está esa mujer pasando por problemas económicos? A veces la respuesta es que ellos no hicieron nada y que existe la posibilidad de que Dios quiera glorificarse a través de esta carencia.

Si te cuesta afirmar esta verdad, piensa en la cruz. El sufrimiento para la gloria de Dios es lo mejor que nos pudo haber ocurrido. La agonía de la cruz no tuvo que ver con el pecado de Jesús ni con nada que hubiera hecho María. Tuvo que ver con nuestro pecado y con la gloria del Padre. Es solo en esa agonía que encontramos salvación para nuestras almas.

No olvidemos lo enseñado por el apóstol Pablo: "Porque a ustedes se les ha concedido por amor de Cristo, no solo creer en Él, sino también sufrir por Él" (Fil 1:29). Es un privilegio sufrir por la causa de Cristo y a favor de sus elegidos para la gloria de nuestro Dios.

6. Sufrimos para nuestra santificación.

Dios no nos salvó para dejarnos como estábamos ni como estamos. Él desea moldearnos a la imagen de su Hijo Jesucristo. Una de las maneras de hacerlo es a través de las tribulaciones. El apóstol Pablo conoció muy bien el sufrimiento por la causa de Cristo y pudo enseñarnos lo siguiente: "Y no solo esto, sino que también nos gloriamos en las tribulaciones, sabiendo que la tribulación produce paciencia; y la paciencia, carácter probado; y el carácter probado, esperanza" (Ro 5:3-4). De acuerdo con este pasaje, el carácter es el fruto de pasar por la aflicción. Recordemos que Dios está usando el mal de este mundo para nuestro bien. El Señor no nos deja en medio de la aflicción, sino que está más cerca que nuestro mismo aliento, moldeando nuestros corazones para su gloria y nuestro propio beneficio. El salmista estaba consciente de los beneficios del dolor y el sufrimiento, y por eso escribió:

"Bueno es para mí ser afligido,
para que aprenda tus estatutos" (Sal 119:71).

El dolor nos lleva con frecuencia a ser obedientes. Y esa es una verdad que Dios declaró muy tempranamente cuando sacó el pueblo al desierto. Al final de los cuarenta años de recorrido, inmediatamente antes de entrar en la Tierra Prometida, estas fueron algunas de sus palabras a través de Moisés:

"Y te acordarás de todo el camino por donde el Señor tu Dios te ha traído por el desierto *durante* estos cuarenta años, para humillarte, probándote, a fin de saber lo que había en tu corazón, si guardarías o no Sus mandamientos. Él te humilló, y te dejó tener hambre, y te alimentó con el maná que tú no conocías, ni tus padres habían conocido, para hacerte entender que el hombre no solo vive de pan, sino que vive de todo lo que procede de la boca del Señor." (Dt 8:2-3).

PERO ¿NO PODRÍA DIOS TERMINAR CON EL MAL AHORA?

La presencia de dolor y sufrimiento en el mundo es una de las excusas más frecuentemente usadas por muchos para negar la existencia de Dios; alegan que no pueden concebir a un Dios bondadoso y todopoderoso capaz de permitir la existencia de tanto dolor. La respuesta a este dilema es menos compleja que muchas otras, porque Dios mismo tomó la iniciativa de responder esta aparente contradicción. Lo cierto es que Dios ha respondido muchas de las interrogantes del ser humano, pero este no se ha encargado de escudriñar lo revelado.

Con relación a la existencia del sufrimiento, Dios podría eliminarlo por completo en este mismo instante, pero eso conllevaría la eliminación repentina de toda existencia de pecado, lo cual produciría un juicio inmediato de toda la humanidad y la instauración de su reino. Esta acción terminaría con todas las vidas del planeta, con la excepción de aquellos que hayan sido redimidos. Y aun nosotros seríamos destruidos, si no fuera por la misericordia de Dios que auto-restringe su ira. Esto es como el apóstol Pedro lo explica:

"El Señor no se tarda en cumplir Su promesa, según algunos entienden la tardanza, sino que es paciente para con ustedes, no queriendo que nadie perezca, sino que todos vengan al arrepentimiento" (2 P 3:9).

Esa paciencia a la que se refiere Pedro no es otra cosa que su misericordia como lo vemos claramente expresado en los siguientes pasajes de las Escrituras: "Que las misericordias del SEÑOR jamás terminan, pues nunca fallan Sus bondades" (Lm 3:22). La Palabra de Dios dice que sus ojos son tan puros que no puede ver el pecado (Hab 1:13), pero aun así, Él continúa esperando por el arrepentimiento de muchos que en un futuro le reconocerán como Señor y Salvador, y recibirán vida eterna. ¿Cómo es esto posible? Por su misericordia. Esa es la única razón por la que tú y yo permanecemos de pie cada mañana. Deseamos que Dios elimine el mal cuando pensamos que el mal es algo externo y ajeno a nosotros, pero cuando nos percatamos de que el mal lo llevamos todos nosotros en nuestro interior, anhelamos la misericordia. Por eso el salmista exclama en adoración,

> "Señor, si Tú tuvieras en cuenta las iniquidades,
> ¿quién, oh Señor, podría permanecer?
> Pero en Ti hay perdón,
> para que seas temido" (Sal 130:3-4).

Dios no se ha olvidado de la maldad. Él no es ciego al dolor provocado por nuestro pecado y el de otros. Más bien, como ya mencionamos, Él desea que todo ser humano se arrepienta y ha retardado su juicio, aun si eso significa que los pecadores se burlen de su bondad o duden de Él y sus promesas (2 P 3:3-4). Si Dios aplicara ahora mismo su justicia sobre la humanidad, ¿dónde estarías? ¿Dónde estarían tus familiares y amigos? Su deseo es salvar, así que retarda su juicio; pero no lo ignorará para siempre, porque Dios también desea ser justo. Eso implica permitir el pecado y el sufrimiento por un tiempo, mientras los cristianos siguen compartiendo el evangelio a toda criatura.

Además, mientras Él permite la existencia del mal, expresado en sufrimiento, está llevando a cabo múltiples propósitos que nosotros no podemos discernir; aunque hay un número de ellos que son claramente visibles. El mejor ejemplo de todos es el sufrimiento de su propio Hijo durante su vida y finalmente, su dolor agonizante en la cruz. Por medio de ese 'infierno en la tierra" Cristo nos ha rescatado del infierno de la eternidad.

SI DIOS ES CREADOR DE TODO, ¿ES EL AUTOR DEL MAL?

En el capítulo anterior hablamos brevemente de esto, pero vale la pena enfatizar que Dios no es responsable por el mal que existe en el mundo. Él no lo creó. El primero en responder a esta pregunta fue Agustín de Hipona, teólogo africano del siglo V. Él dijo que el mal no es una sustancia creada, sino una condición. Dios no creó el mal. Él trajo a existencia una creación dentro de la cual pudiera existir el mal (posibilidad); pero no creó la necesidad del mal. En su omnisciencia, Dios entendió que permitir el mal podría y sería usado por Él mismo para alcanzar un mejor propósito. Cuando todo haya sido dicho y hecho veremos cómo el resultado final será mucho mejor que el producto inicial. El primer Adán podía pecar o no pecar en el ejercicio de su libre albedrío que perdió al pecar. Pero ahora, por medio del segundo Adán (Cristo), Dios está llevando al ser humano a una nueva condición, donde no podrá pecar ni siquiera querrá hacerlo debido a la transformación de toda su naturaleza.

De nuevo, el mal no es una cosa para que haya sido creada, sino una condición o disposición del espíritu. No solemos preguntar "¿Quién creó el gozo?", porque el gozo no es una cosa, sino una condición o experiencia posible producto de la relación entre mi espíritu y mi carne.

El mal se originó espontáneamente. Primero, en el corazón de un ser angelical (Lucifer) y luego, en el interior del ser humano. Ambos pecaron de la misma manera: queriendo ser como Dios.

Lucifer (Satanás): "Me haré semejante al Altísimo" (Is 14:14b).

Satanás dice a Eva: «Ciertamente no morirán. Pues Dios sabe que el día que de él coman, se les abrirán los ojos y ustedes **serán como Dios,** conociendo el bien y el mal» (Gn 3:4b-5, énfasis añadido). Entonces el árbol fue agradable a los ojos de Eva y luego de Adán.

Parece ser que la criatura no tolera ser lo que es y ha deseado ser como el Creador, tanto en el caso de Satanás como en el del ser humano.

Adán y Eva fueron creados a imagen de Dios y dotados de libre albedrío. Esa libertad les permitía obedecer con libertad al Señor, pero también les hacía capaces de elegir la desobediencia, que fue precisamente lo que hicieron. Ellos abusaron de la libertad que les fue otorgada por Dios. Con Lucifer sucedió algo similar, como dijimos anteriormente. Él dijo: "Me haré semejante al Altísimo". Tenía capacidad de decidir y eligió la rebelión. Así es como la maldad comenzó a existir. Esto lo vemos en pasajes como Ezequiel 28:12-19 e Isaías 14:12-20.

EL BIEN MAYOR

En estos dos capítulos hemos estado hablando de cómo Dios, en su soberanía, utiliza el mal para lograr sus propósitos. El siguiente pasaje es uno de los más claros con respecto a lo que hemos venido discutiendo: "Y sabemos que para los que aman a Dios, todas las cosas cooperan para bien, *esto es*, para los que son llamados conforme a *Su* propósito." (Ro 8:28). Entonces, de seguro te estás preguntando ¿cómo el sufrimiento puede cooperar para un bien mayor? Permíteme presentarte algunas de las maneras en que esto es posible:

Dios usa el sufrimiento para evitar una consecuencia más grande.

La lepra nos ofrece una buena ilustración para entender este punto. Esta enfermedad a veces resulta en el daño de las terminaciones nerviosas de los tejidos blandos. En esos casos, el paciente pierde toda sensibilidad incluso cuando algo está lastimando su cuerpo. La insensibilidad al dolor puede ocasionar que el enfermo termine perdiendo alguna extremidad que se hiere con frecuencia sin experimentar dolor o por cortaduras que la persona no siente y que luego resultan en infecciones peligrosas y, con cierta regularidad, aun en amputaciones. La sensibilidad nerviosa es fundamental para el cuidado de nuestro cuerpo. Entonces, así como sentir el calor del fuego nos permite quitar la mano de la llama en la cocina, Dios nos permite experimentar el dolor para protegernos de las que podrían ser consecuencias más severas producto de nuestras acciones.

Dios usa el sufrimiento para atraernos hacia Él.

C. S. Lewis escribió:

"Dios nos susurra en nuestros placeres, nos habla en nuestra conciencia, pero nos grita en nuestros dolores: es su megáfono para despertar a un mundo sordo. Un hombre malvado feliz es un hombre sin la menor sospecha de que sus acciones no "corresponden", de que no están de acuerdo con las leyes del universo"[20]

A modo personal, no recuerdo haber experimentado a Dios de manera tan cercana como cuando he estado pasando por momentos de profunda tristeza y dolor. Durante las circunstancias difíciles lo puedo "experimentar" de forma más real, más cercano. El profeta Amós nos muestra cómo Dios usa el sufrimiento para llamarnos y atraernos, y cómo nosotros decidimos ignorarlo:

"Pero yo también los he puesto a diente limpio en todas sus ciudades,
Y a falta de pan en todos sus lugares.
Sin embargo, ustedes no se han vuelto a Mí, declara el Señor.

Y además les retuve la lluvia
Cuando aún *faltaban* tres meses para la siega.
Hice llover sobre una ciudad
Y sobre otra ciudad no hice llover;
Sobre una parte llovía,

---

20. C. S. Lewis, *El problema del dolor*, sección VI, El dolor humano (San Francisco: HarperOne, 2014).

Y la parte donde no llovía, se secó.
Así que de dos o tres ciudades iban tambaleándose a
otra ciudad para beber agua,
Y no se saciaban.
Sin embargo, ustedes no se han vuelto a Mí, declara el
SEÑOR.

Los herí con *viento* abrasador y con plagas;
Y la oruga ha devorado
Sus muchos huertos y viñedos, sus higueras y sus olivos.
Sin embargo, ustedes no se han vuelto a Mí, declara el
SEÑOR.

Envié contra ustedes una plaga, como la *plaga* de
Egipto,
Maté a espada a sus jóvenes, junto con sus caballos
capturados,
E hice subir hasta sus narices el hedor de su campamento.
Sin embargo, ustedes no se han vuelto a Mí, declara el
SEÑOR.

Los destruí como Dios destruyó a Sodoma y a
Gomorra,
Y fueron como tizón arrebatado de la hoguera.
Sin embargo, ustedes no se han vuelto a Mí, declara el
SEÑOR" (Am 4:6-11).

Mientras que algunos intentan utilizar el mal y el sufrimiento como evidencias de que Dios no existe, las Escrituras
nos enseñan que Él lo usa para revelarse compasivamente a
nosotros.

Dios usa el sufrimiento para moldear nuestro carácter.
Cuando el cristiano se mira a sí mismo a la luz de las
Escrituras, puede apreciar lo mucho que necesita ser trans-
formado para poder caminar como Dios espera. La buena

noticia es que el Señor está haciendo su obra en nosotros y promete terminarla (Sal 138:6; Fil 1:6). Lo que no nos gusta escuchar es que muchas veces logrará ese objetivo de crecimiento a través del sufrimiento. Esto es lo que nos enseña el autor de Hebreos: "Al presente ninguna disciplina parece ser causa de gozo, sino de tristeza. Sin embargo, a los que han sido ejercitados por medio de ella, después les da fruto apacible de justicia" (Heb 12:11). Así como un padre amoroso disciplina a su hijo porque necesita corrección, Dios nos disciplina a través del sufrimiento para transformarnos en la persona que deberíamos ser conforme a su diseño.

CONFIANDO EN EL SEÑOR EN
MEDIO DEL SUFRIMIENTO

El sufrimiento es parte integral de la vida en un mundo caído como consecuencia del pecado. Mientras Job sufría se lamentaba diciendo: "Pues el hombre nace para la aflicción, como las chispas vuelan hacia arriba" (Job 5:7). Pablo nos enseña que el dolor es un *privilegio* para los cristianos, "Porque a ustedes se les ha concedido por amor de Cristo, no solo creer en Él, sino también sufrir por Él" (Fil 1:29). Así como creer en Cristo es un don de Dios para nosotros —un regalo— el sufrimiento por su causa lo es también. Esta perspectiva sobria del dolor nos ayuda a afrontar las circunstancias difíciles de la vida, ya que mucha de nuestra frustración proviene de nuestras expectativas equivocadas de lo que significa vivir en un mundo caído. Cristo nos dijo claramente: "en el mundo tenéis tribulación" (Jn 16:33).

Con lo expresado anteriormente, no quiero insinuar que atravesar el sufrimiento sea fácil. El hecho de intentar entender algunos de los propósitos de Dios con el sufrimiento, no niega la realidad del dolor. Dios mismo se duele con nosotros (Is 63:9). Por ejemplo, un padre está presente y con el corazón en la mano cuando participa en el sufrimiento de su hijo mientras está pasando por un procedimiento médico doloroso. Que él no detenga la mano del médico no significa que no ama su hijo, sino todo lo contrario. Dios mira nuestra aflicción y también se aflige con nosotros. Pero sabe que lo que experimentamos es para nuestro bien, y por eso Él lo permite. El salmista entendió esta gran verdad y escribió: "Bueno es para mí ser afligido, Para que aprenda Tus estatutos" (Sal 119:71).

Un antiguo texto anónimo dice algo que no debemos olvidar: "Dios, en su amor, siempre desea lo que es mejor para nosotros. En su sabiduría, Él siempre sabe lo que es mejor. Él tiene el poder de hacer que así ocurra". Muchos podemos afirmar esto de manera intelectual, pero ¿cuántos lo creemos realmente? Solo teniendo verdadera fe en nuestro Dios omnibenevolente, omnisciente y omnipotente podremos decir como Job, incluso después de haber perdido a todos sus hijos: "El Señor dio y el Señor quitó; bendito sea el nombre del Señor" (Job 1:21b). Aun después de escuchar los reclamos desesperanzados de su sufriente y amargada esposa, Job se limitó a preguntar con mucha ecuanimidad, "¿Aceptaremos el bien de Dios y no aceptaremos el mal?" (Job 2:10).

Dudar de nuestro Dios, incluso en medio del más profundo sufrimiento, no es algo liviano. Cuando dudamos de Dios ponemos en tela de juicio su sabiduría, poder, fidelidad, soberanía y bondad. La incredulidad del pueblo de Israel registrada en el Antiguo Testamento ha quedado como un testimonio que no debemos olvidar:

"Hablaron contra Dios,
Y dijeron: «¿Podrá Dios preparar mesa en el desierto?
Entonces Él golpeó la roca y brotaron aguas,
Y torrentes se desbordaron;
¿Podrá también dar pan?
¿Proveerá carne para Su pueblo?».
Por tanto, al oírlo, el Señor se indignó;
Un fuego se encendió contra Jacob,

Y aumentó también la ira contra Israel,
Porque no creyeron en Dios,
Ni confiaron en Su salvación." (Sal 78:19-22).

Su problema no fue falta de pan o de agua. El problema ni siquiera fue la queja del pueblo. Su verdadero problema fue no haber creído ni confiado en el Señor Dios Todopoderoso.

La providencia de Dios es algo que debemos traer continuamente a nuestros pensamientos. Los seres humanos somos propensos a olvidar quién es el Señor, lo que ha hecho por nosotros, y lo que está dispuesto a seguir haciendo a nuestro favor. La providencia de Dios es su orquestación continua, de manera activa, de *todos* los eventos que ocurren en su universo, organizados por Él de tal manera que alcancen sus propósitos y proclamen su gloria. Como escribió Jerry Bridges: "La tela de araña en la esquina y Napoleón Bonaparte marchando con su ejército a lo largo de Europa, están ambos bajo el control de Dios".[21] Es importante, entonces, que estemos meditando continuamente en esta verdad clave que nos ayudará a enfrentar el sufrimiento. No estamos confiando en Dios ciegamente, sino porque Él nos ha mostrado su fidelidad en su Palabra, en su creación y en el testimonio de su obrar en la Iglesia.

Sabemos que su amor es infinito, su poder es ilimitado, sus propósitos son inalterables y su sabiduría sin límites. Entonces, quisiera preguntarte, ¿cómo no habríamos de confiar en Él? Considera que el Señor es quien "[forma] la luz y [crea] las tinieblas, [quien trae] bienestar y [crea] calamidad" y quien anuncia "el fin desde el principio; desde los tiempos antiguos, lo que está por venir" (Is 45:7, 46:10). Ni siquiera las personas con todos sus dilemas, fracasos y rebeldía se escapan de su mano soberana, "*Como* canales de agua es el corazón del rey en la mano del Señor; Él lo dirige donde le place" (Pr 21:1).

---

21. Jerry Bridges, *Trusting God Even When Life Hurts* (Minneapolis: Liaison, 1998), p. 28.

Una de las tentaciones más grandes que podemos enfrentar es cuestionar a Dios en medio del sufrimiento. Incluso Job, a quien Dios llamó "intachable y recto" (Job 1:9), al inicio de su experiencia, llegó a cuestionar al Señor cuando su angustia era muy grande. Job hizo unas sesenta y tantas preguntas a Dios, y al menos dieciséis de ellas tuvieron el siguiente tenor: "¿por qué esto o por qué aquello?". El Señor ni se inmutó con sus preguntas. No le ofreció ni una sola respuesta de lo que estaba haciendo con su vida. ¿Por qué? Porque nuestro Dios no necesita dar explicaciones, porque es Soberano, pero sí nos concede "sus preciosas y maravillosas promesas" (2 P 1:4). Él lo ha dispuesto así porque vivir con los ojos en las promesas de Dios demuestra nuestra confianza en Él. Cuando yo me quejo, la respuesta de Dios nunca será quitarme al instante aquello que me aflige. Su respuesta será transformarme. Cuando Él me transforma sucede una de dos cosas: el problema ya no me molesta ni me preocupa, o Dios lo hace desaparecer.

Una observación más, Dios con frecuencia no nos da respuestas a nuestras interrogantes porque sabe que, en muchas ocasiones, no seríamos capaces de entenderlas. Lo mismo ocurre cuando un niño de cinco años pregunta cómo entra un bebé al vientre de una madre. Nuestra respuesta a esa pregunta del niño, siempre será limitada por razones obvias: él no entendería nada acerca de un espermatozoo y de un óvulo; como tampoco entendería cómo llega ese espermatozoo hasta las trompas de Falopio para fecundar un óvulo. Imagínate a Dios explicándonos las complejidades del mundo terrenal y universal en el ámbito de lo material y luego en el plano espiritual. Creo que terminaríamos más confundidos que cuando hicimos las preguntas. Ante esto, solo podemos preguntarnos, ¿quién puede penetrar su mente?

"¡Oh, profundidad de las riquezas y de la sabiduría y del conocimiento de Dios! ¡Cuán insondables son Sus juicios e inescrutables Sus caminos! Pues, ¿quién ha conocido la mente del Señor? ¿O quién llego a ser Su consejero? ¿O quién le ha dado a Él primero para que se le tenga que recompensar? Porque de Él, por Él y para Él son todas las cosas. A Él *sea* la gloria para siempre. Amén" (Ro 11:33-36).

Recuerdo una persona de mi congregación que tenía un jefe muy difícil y vivía quejándose de él en cada oportunidad que tenía. Durante nuestras conversaciones traté de mostrarle cómo Dios podía estar usando a su jefe para moldearlo y hacerlo crecer cada vez más parecido a Jesucristo. Después de un tiempo, finalmente aceptó esa realidad y comenzó a orar por su jefe. Un tiempo después le pregunté cómo iba la situación con el jefe y me dijo entusiasmado: "¿Puedes creer que lo cambiaron la semana pasada?". Le respondí, "Claro, porque dejaste de quejarte". Dios realizó su trabajo y ese instrumento de sufrimiento cumplió su propósito. Es posible que si el Señor no ha quitado todavía la aflicción es porque, de alguna manera, quiere seguirla usando para nuestro bien. Lo importante es que nos concentremos en Dios y no en la fuente del dolor. Si logro poner al Señor en primer lugar, entonces podré caminar más tranquilo y seguro, sabiendo que sus planes son mejores que los míos.

¿QUÉ DE LOS DESASTRES NATURALES?

Para algunos es comprensible aceptar que sufrimos por nuestro pecado o el de otros, pero se horrorizan al ver las muertes de miles de personas por causa de un desastre natural como un terremoto, un huracán o una pandemia como hemos visto en nuestros días. ¿Dónde está Dios cuando las fuerzas de la naturaleza se desatan y causan calamidades?

Dios nos enseña en su Palabra que Él es responsable de todo desastre natural e incluso de las discapacidades humanas como la ceguera o la sordera.

No hay razón para "excusar" a Dios por lo que pueda estar pasando en el mundo. Él es soberano y hace lo que le place (Salmo 115:3). El profeta Amós es muy directo cuando pregunta, "Si sucede una calamidad en la ciudad, ¿no la ha causado el SEÑOR?" (Am 3:6b). Dios está en absoluto control de cualquier desastre natural (Is 45:7). Cuando Jonás se rebeló contra Dios, Él envió una tremenda tormenta. Cuando una tormenta arreciaba sobre la barca en que iban Jesús y sus discípulos, bastó la orden del Señor para que las aguas se calmaran. Por ejemplo, cuando nosotros oramos ante alguna amenaza de huracán, lo hacemos porque sabemos que Dios tiene el poder de detener los vientos. Lo hacemos también porque creemos que:

"Dios es nuestro refugio y fortaleza,
Nuestro pronto auxilio en las tribulaciones.
Por tanto, no temeremos aunque la tierra sufra cambios,
Y aunque los montes se deslicen al fondo de los
mares;
Aunque bramen y se agiten sus aguas,
Aunque tiemblen los montes con creciente enojo"
(Sal 46:1-3).

En una ocasión hubo un temblor en California, Estados Unidos. Como consecuencia, varios pastores del estado se reunieron para dar un mensaje conjunto. Ellos dijeron que Dios no tenía nada que ver con lo que había sucedido. Al final de la reunión, se le pidió a uno de los pastores que dirigiera al grupo en oración. Este pastor empezó a agradecer a Dios porque el terremoto ocurrió a las cinco de la mañana y no durante horas laborales. Yo me preguntaba, entonces, ¿Dios tiene que ver o no tiene que ver con el terremoto? Si Dios no tuvo relación alguna con el terremoto, ¿por qué dar gracias a Dios por la hora cuando este ocurrió? Hasta pastores pueden ser inconsistentes a la hora de evaluar las experiencias de sufrimiento en esta vida.

Decir que Dios tiene el control de los desastres no es ser fatalistas y mucho menos debe generarnos una actitud pesimista que nos haga decir: "no hay más remedio". Todo lo contrario. El fatalismo es resignación ante las circunstancias que son como son, asumiendo que no hay nada que hacer porque no hay motivo ni propósito. La providencia de Dios, de la que acabamos de hablar, declara que el Señor tiene planes sublimes, aunque nosotros no podamos entenderlos.

Es posible que podamos tener diferencias con respecto a las causas inmediatas de un desastre (los fenómenos naturales que surgen son consecuencia de la temperatura de los vientos, fallas tectónicas y otras causas naturales semejantes). Pero todos debemos estar de acuerdo en la causa final, que es el mismo Señor.

Usaré el ejemplo de un terremoto para explicar cómo el famoso filósofo Aristóteles distinguía cuatro causas distintas:

- **La causa material:** es la sustancia o materia responsable de algún evento. En el caso bajo análisis, esa causa es la tierra o el subsuelo.
- **La causa:** es la característica que distingue una cosa de otra. En un terremoto, podríamos decir que la causa formal fue la falla en el subsuelo que estuvo presente en esa región, pero no en otras.
- **La causa eficiente:** es el factor desencadenante de un evento. En este caso particular, podríamos decir que fue el peso de la capa tectónica superior que no pudo ser soportado por las capas de más abajo.
- **La causa final:** es el propósito para el cual algo fue hecho. En este caso, esa causa es Dios y los propósitos que Él se propone cada vez que permite alguna calamidad.

Dios creó la naturaleza para que funcionara perfectamente, pero el pecado del hombre arruinó la estabilidad de la creación. La naturaleza está "descompuesta" porque participa de la caída. Dios no evita este mal funcionamiento, porque sería como evitar los efectos de la caída y las consecuencias inevitables del pecado. Sin embargo, en medio de todo esto, Dios tiene diferentes motivos para usar esas disfunciones presentes en la naturaleza. A veces como juicio (Am 4:6-11); otras veces para cumplir con sus planes de bien (como en el caso de Jonás y la tormenta); en otras oportunidades para glorificar su nombre mostrando misericordia en medio del dolor; y también para traer al ser humano a sus pies. Y con frecuencia, para traer salvación al hombre (como la cruz de Cristo) y otras veces para santificarnos, como explica Pedro en su primera carta y como hace Pablo en múltiples porciones de las suyas.

Todos nosotros debemos descansar en el Señor. Mi reposo no está en que las cosas van a salir bien, según yo entienda el significado de "bien". ¡Las cosas van a salir verdaderamente bien porque el bien verdadero es el que Dios tiene en sus planes! ¿Cuál es ese bien verdadero? Su gloria y mi transformación a su imagen (Ro 8:28). Venga lo que venga, todas las cosas cooperarán para ese bien.

LAS BENDICIONES DEL SUFRIMIENTO

Anteriormente citamos el Salmo 119:71, ¿cuántos de nosotros podemos decir con el salmista: "Bueno es para mí ser afligido, para que aprenda tus estatutos"? Las Escrituras nos muestran que el sufrimiento no es solo algo que tenemos que soportar mientras habitamos en este mundo caído. El sufrimiento también es algo que puede traer bendición a nuestras vidas. La obediencia es una de esas bendiciones. A través de la aflicción, Dios nos enseña a caminar en obediencia conforme a su voluntad.

Otra bendición es el quebrantamiento. David adoraba al Señor con estas palabras: "Cercano está el SEÑOR a los quebrantados de corazón, Y salva a los abatidos de espíritu" (Sal 34:18). A través de las circunstancias dolorosas, Dios cultiva la humildad en nosotros y nos lleva a buscarle a través de la Palabra y la oración:

> "Y te acordarás de todo el camino por donde el Señor tu Dios te ha traído por el desierto durante estos cuarenta años, para humillarte, probándote, a fin de saber lo que había en tu corazón, si guardarías o no Sus mandamientos. Él te humilló, y te dejó tener hambre, y te alimentó con el maná que tú no conocías, ni tus padres habían conocido, para hacerte entender que el hombre no solo vive de pan, sino que vive de todo lo que procede de la boca del Señor" (Dt 8:2-3).

Es importante notar que sufrir no es lo mismo que ser quebrantado. A veces la gente sufre mucho, pero sus corazones permanecen inquebrantables, como el caso del faraón durante el éxodo hebreo y la mayoría del mismo pueblo hebreo. Pero podemos sufrir bien cuando el Señor abre nuestros ojos y en medio de todo ese dolor —cuando mis emociones han sido aplastadas— reconozco que en mí no hay nada bueno y que no tengo mérito alguno que me favorezca delante del Señor. Hasta el aire que respiro es un regalo inmerecido. Esa es la actitud correcta de alguien que ha sido verdaderamente quebrantado. Esta es también una bendición que todo creyente debe anhelar, y por eso debemos orar continuamente: "Señor, si es necesario, quebrántame". Prestemos atención a la forma en que el salmista presenta sus ideas delante del Señor:

> "Porque Tú nos has probado, oh Dios;
> Nos has refinado como se refina la plata.
> Nos metiste en la red;
> Carga pesada pusiste sobre nuestros lomos.
> Hiciste cabalgar hombres sobre nuestras cabezas;
> Pasamos por el fuego y por el agua,
> Pero Tú nos sacaste a un lugar de abundancia"
> (Sal 66:10-12).

Notemos el orden de las ideas:

(1) "Nos has probado", es ahí donde salen a relucir nuestros pecados.
(2) "nos has refinado", ha empezado un proceso de santificación.
(3) "nos sacaste a un lugar de abundancia". La santidad es requerida para manejar la abundancia. Por eso, frecuentemente, esta llega al final, porque sin ella no sabemos cómo manejarla con rectitud.

El quebrantamiento produce un corazón que se deja enseñar porque es manso y sensible a la voz de Dios. Todo esto lo hace ser cada vez más sabio.

Por el contrario,

• Cuando un corazón no quebrantado experimenta las bendiciones de Dios, cree que se las merece.
• Cuando un corazón no quebrantado experimenta la gloria de Dios, cree que él es quien la ha producido.
• Cuando un corazón no quebrantado experimenta el poder de Dios, hace alarde de ese poder, lo usa y lo abusa.
• Cuando un corazón no quebrantado experimenta los privilegios de Dios, llega a creer que esos privilegios son derechos.
• Cuando un corazón no quebrantado recibe un don, llega a creer que ese don es una destreza innata que él ha desarrollado.

Por todas estas razones es que necesitamos ser quebrantados en las manos de nuestro buen Dios. Que Él nos ayude y sea glorificado en medio de nuestro dolor.

CAPÍTULO **OCHO**

¿PARA DÓNDE VOY?

DESTINO

ENFRENTANDO NUESTRA PARTIDA

Como médico y pastor, he tenido la oportunidad de acompañar a mucha gente en los últimos días y aun en las últimas horas de su vida. Con cierta frecuencia, esas oportunidades han facilitado la presentación del evangelio a aquellos que están al final de sus vidas. En estos casos, me he podido percatar que la ansiedad y la incertidumbre tienden a ser experiencias comunes de aquellos que se encuentran al borde la muerte.

Por tal motivo, he sentido la necesidad de preguntar a mis pacientes u ovejas (o ambas) si hay algo que ellos temen ahora que sus días o sus horas se han acortado. Las personas suelen dar diferentes respuestas, pero una de las expresiones más comunes, incluso de parte de aquellos que confiesan ser cristianos, ha sido: 'tengo miedo'. Ante esa respuesta, invariablemente, mi siguiente pregunta ha sido: '¿A qué le temes? Generalmente estas han sido las respuestas más comunes: a) 'temo a la posibilidad de experimentar dolor cuando llegue el tiempo'; b) 'temo a lo desconocido' y c) 'no creo estar preparado'. Estas aseveraciones me han dado la oportunidad para hablar sobre sus temores y tratar de brindarles una respuesta médica, seguida de una explicación y proposición espiritual, es decir, el evangelio de Jesucristo.

Recuerdo de manera muy vívida una ocasión cuando conversaba con uno de mis pacientes. Él había llegado a alcanzar el más alto rango militar en la nación. Entré a la habitación, lo encontré solo y le dije: 'Don *fulano*, ¿podría hacerle una pregunta?', 'Por supuesto', me dijo. A lo que continué: 'usted es una persona que escaló posiciones de alto mando; se hizo un nombre; desarrolló cierta fortuna; tiene una familia numerosa y Dios le ha concedido el privilegio de vivir largos años. Quería preguntarle, ¿cómo se siente ahora, al final de sus años, después de haber alcanzado tantos logros?'. Él me respondió: 'me siento vacío'. Le pregunté: '¿sabe usted por qué se siente así?'. Me dijo: 'no lo sé'. Entonces pregunté: '¿quisiera saberlo?'. 'Claro', respondió. Eso me permitió compartirle el evangelio. Mi paciente entregó su vida al Señor Jesucristo esa mañana y, posteriormente, dio evidencias de que su profesión de fe había sido genuina.

La realidad es que el ser humano tiene el presentimiento de que no todo termina con la muerte. En su subconsciente, hombres y mujeres temen a la idea de tener que presentarse ante un Dios a quien ellos o ellas nunca reconocieron. Por un lado, esto ocurre porque Dios puso eternidad en su interior (Ec 3:11); por otro lado, Dios ha puesto su ley en el corazón de cada ser humano (Ro 2). Esa ley habla de que existe "algo" que trasciende este mundo.

La siguiente historia ilustra lo que acabamos de decir:

"Como vicepresidente, George Bush representó a Estados Unidos en el funeral del exlíder soviético Leonid Brezhnev. Bush se conmovió profundamente por la protesta silenciosa llevada a cabo por la viuda de Brezhnev. Se quedó inmóvil junto al ataúd hasta segundos antes de que se cerrara. Luego, justo cuando los soldados tocaron la tapa, la esposa de Brezhnev realizó un acto de gran coraje y esperanza, un gesto que seguramente debe ser considerado como uno de los actos de desobediencia civil más profundos jamás cometidos: se bajó e hizo la señal de la cruz en el pecho de su esposo. Allí, en la ciudadela del poder secular y ateo, la esposa del hombre que lo había dirigido todo esperaba que su marido estuviera equivocado. Esperaba que hubiera otra vida, y que esa vida estuviera mejor representada por Jesús, quien murió en la cruz, y que el mismo Jesús pudiera tener misericordia de su esposo".[22]

Después de la caída de Adán y Eva, ellos experimentaron muerte espiritual de manera inmediata y eventualmente experimentarían la muerte física, como en efecto ocurrió. Esta primera pareja pecó contra Dios al creer una mentira disfrazada de verdad. Por consiguiente, Dios los expulsó de su presencia; los expulsó del huerto (Gn 3:23-24). Conociendo que es en Él que nosotros vivimos, nos movemos y existimos, Dios les había advertido de dicha muerte (Hch 17:28). Dada esta nueva realidad, la muerte espiritual y física de la raza humana, Dios tenía dos opciones: enviar a toda la humanidad a una eternidad de condenación o hacer algo para proveer un camino de redención. Dios, en su amor infinito, decidió hacer lo segundo y nos envió a su Hijo.

JESÚS, LA ESPERANZA DE LA HUMANIDAD

Jesús viene con una misión cuando se encarna: salvar lo que se había perdido (Lc 19:10). Después de la caída, Adán y Eva terminaron en una condición muy diferente a como habían sido creados; terminaron muertos en delitos y pecados

---

22. Gary Thomas, *Christianity Today*, octubre 3, 1994, p. 26.

(Ef 2:1); fuera del jardín (Gn 3:24), sin vía de acceso a la presencia de Dios y con un pobre sentido de discernimiento para separar la verdad del error debido a que sus mentes quedaron en oscuridad o entenebrecidas (2 Co 4:4). Desde entonces, el ser humano ha estado buscando un camino a Dios; pero no al Dios Creador, sino al dios de su concepción.

El ocultismo ha sido el camino para algunos. Los sistemas filosóficos han sido el camino para otros. El moralismo ha convencido a muchos de ser la vía por la que encontrarían aceptación delante de Dios. Lamentablemente, todos esos caminos terminan en el mismo lugar: en la condenación eterna. Muchas veces, aquellos que incurren en el mundo de lo oculto piensan que hay un conocimiento secreto solo disponible para algunos y que la salvación se obtiene a través de dicho conocimiento. Los gnósticos del segundo siglo y subsiguientes eran de ese sentir, como lo han sido muchos otros grupos a lo largo de la historia.

Aquellos que abrazan ciertas filosofías piensan que la sabiduría del hombre es el camino para librarnos de las dificultades de este mundo, o concluyen que después de esta vida no hay nada más. Los moralistas con frecuencia piensan que al final, el Juez, Dios, pesará sus buenas obras versus sus malas obras y concluyen que el balance estará a su favor. Sin embargo, esa es una conclusión a la que han arribado sin ninguna base y muchos menos lógica. Bien expresa el maestro de sabiduría, "Hay camino que al hombre le parece derecho, **Pero al final, es camino de muerte**" (Pr 14:12, énfasis añadido). Por eso necesitamos prestar atención a la siguiente instrucción:

"Confía en el Señor con todo tu corazón,
Y no te apoyes en tu propio entendimiento.
Reconócelo en todos tus caminos,
Y Él enderezará tus sendas.
No seas sabio a tus propios ojos;
Teme al Señor y apártate del mal" (Pr 3:5-7, énfasis añadido).

Las cosas no son ciertas porque alguien las afirme; necesitamos bases sólidas para creer cualquier postulado y, sobretodo, si este tiene que ver con la vida eterna. Otros han abrazado una de las muchas religiones del mundo creyendo que el hacer "buenas obras" es fundamental para la salvación. En dichas religiones, sin excepción, la palabra clave es "hacer". Solo en el cristianismo la palabra clave es "hecho" o, como dijo Jesús, "Consumado es" (Jn 19:30).

Lamentablemente, nadie hace buenas obras antes de conocer a Cristo, porque todas las facultades del ser humano quedaron manchadas o impactadas por el pecado: su pensamiento, sus emociones, su voluntad, su habilidad para relacionarse con los demás y todo el resto de sus capacidades. Tal como Pablo lo revela en su carta a los Romanos:

> "Como está escrito:
> «No hay justo, ni aun uno;
> No hay quien entienda,
> No hay quien busque a Dios.
> Todos se han desviado,
> a una se hicieron inútiles;
> No hay quien haga lo bueno,
> No hay ni siquiera uno" (Ro 3:10-12).

El hombre quedó incapacitado totalmente para desear a Dios, buscar a Dios y someterse a Dios. Por tanto, se requería de un sustituto que pudiera hacer lo que nosotros no podemos.

Adán violó la ley de Dios y la única manera de restaurar la relación con el Dador de la ley era vía el cumplimiento de dicha ley, lo cual era y es una imposibilidad para el ser humano por una razón muy sencilla:

> "Porque la mente puesta en la carne es muerte, pero la mente puesta en el Espíritu es vida y paz. La mente puesta en la carne es enemiga de Dios, porque no se

sujeta a la ley de Dios, pues ni siquiera puede hacerlo"
(Ro 8:6-7).

Con la caída, la voluntad del ser humano quedó esclavizada al pecado (2 Ti 2:25-26) y de ahí su incapacidad para
elegir a Dios. Por esta razón, Dios nos envió a su Hijo, la
segunda persona de la Trinidad, quien se encarnó precisamente para cumplir la ley y, al cumplirla, poder morir en
sustitución nuestra, cargando nuestros pecados y pagando la
pena por el mismo (2 Co 5:21).

La noche antes de su muerte, Jesús claramente revela que
Él era y es el único camino para la salvación: "Yo soy el camino, la verdad y la vida; nadie viene al Padre sino por Mí"
(Jn 14:6). Jesús, como único camino, excluye todos los demás.
La verdad nunca tiene espacio para el error. A manera de ilustración, piense en esta realidad. Ningún banco acepta billetes falsos, por parecidos que sean al original. Sin embargo, si
hubiera bancos de billetes falsos, estos estarían dispuestos a
aceptar billetes verdaderos porque ellos sí tienen valor ante
lo falso. Por eso, en religiones como el hinduismo, pueden
aceptar a Jesús como un iluminado o una de sus múltiples
divinidades, porque en el error siempre habrá cabida para
lo verdadero. La verdad no permite tal cosa y todo lo que es
verdad excluye, por definición, todas las demás posibilidades
en cualquier campo del saber.

Jesús habló más claramente sobre esto cuando dijo:

"Entonces Jesús les dijo de nuevo: En verdad les digo:
Yo soy la puerta de las ovejas. Todos los que vinieron
antes de Mí son ladrones y salteadores, pero las ovejas
no les hicieron caso. Yo soy la puerta; si alguno entra
por Mí, será salvo; y entrará y saldrá y hallará pasto.
El ladrón solo viene para robar, matar y destruir; Yo he
venido para que tengan vida, y para que la tengan en
abundancia" (Jn 10:7-10).

El destino final del hombre depende de lo que esa persona haga con Jesús en esta vida. Depende de que él o ella crea que Jesús,

- Es la verdad que necesitamos creer.
- El camino que necesitamos para regresar al jardín, a la presencia de Dios.
- La vida que necesitamos vivir.

En una sola frase, Jesús pone de manifiesto tres de los temas centrales del judaísmo:

1. El concepto del camino. La alusión a conocer el camino es un tema recurrente en el Antiguo Testamento. Moisés le suplica a Dios: "...te ruego que me hagas conocer Tus caminos para que yo te conozca y halle gracia ante Tus ojos" (Éx 33:13). Moisés relaciona el conocer los caminos de Dios con el conocer el carácter de Dios. ¡Claro! Porque sus caminos revelan quien es Él. Los caminos de Dios son santos, justos, soberanos, bondadosos... tal como Él es. Cuando Moisés tuvo la obligación de quitarse las sandalias para acercarse a Dios, en ese mismo instante comenzó a comprender la realidad de los caminos de Dios. Estos son caminos de santidad. Por eso, después que el pueblo adoró al becerro de oro, Dios amenazó con no seguir con ellos y enviar un ángel en su lugar (Éx 33).

El camino a Dios era un concepto importante en la mente del pueblo hebreo. Cómo acercarse a un Dios que era temido y que el pueblo no podía ver, era algo desconocido, aun para el pueblo hebreo, en ausencia de Cristo. El judío estaba muy consciente de la necesidad de encontrar el camino a Dios. Nota lo que el salmista escribe:

"Lámpara es a mis pies Tu palabra,
y luz para mi camino" (Sal 119:105).

"Señor, enséñame Tu camino..." (Sal 27:11).

Aun Moisés, que hablaba con Dios como un amigo habla con otro amigo, no conocía los caminos de Dios o no los entendía, y de ahí su petición que vimos anteriormente.

Un camino es algo que une dos puntos o que lleva de un lugar a otro. Eso es exactamente lo que Jesús es: la persona que une al hombre con Dios; la persona que lleva al hombre del mundo de tinieblas al mundo de la luz. Es la persona que lleva al hombre de su condición de esclavo a su condición de libertad; de ser huérfano a ser adoptado; de la muerte a la vida. Por eso Jesús es llamado el Camino.

La gente rechaza la idea de que Cristo sea el camino, porque cada cual quisiera construir a su manera su propio camino para llegar a Dios. La criatura continúa interesada en ser independiente del Creador. Si tuviéramos cien caminos distintos, dados por Dios, para llegar a Él, estoy seguro de que encontraríamos ese número restrictivo y exigiríamos al menos uno más, ideado por nosotros.

2. El concepto de la verdad. Nota ahora cómo el salmista entrelaza el tema del camino con la verdad: "Enséñame, oh SEÑOR, tu camino; andaré en Tu verdad…" (Sal 86:11). El camino de regreso a Dios es el camino de la verdad. Adán y Eva fueron expulsados del jardín por haber creído una mentira. El regreso requeriría recobrar la verdad. Por eso, Cristo no solo dijo ser el camino, sino también dijo ser la verdad. Cristo no vino solo a decir la verdad, sino que también vino a personificarla. De esa forma, hermanos, cuando hacemos un compromiso con Cristo hemos hecho un compromiso con la verdad en todas sus dimensiones. Esto debería hacer que mentir sea algo prácticamente imposible para nosotros. ¿Por qué? Porque entendemos que cada vez que mentimos estamos representando al mundo de las tinieblas, en vez del mundo de la luz. La verdad no puede ser definida en base a sentimientos, sino en base a la persona de Jesús. Tenemos un compromiso con la verdad aun en las cosas más pequeñas.

Cristo definió su misión aquí en la tierra en torno a la verdad cuando estaba siendo juzgado frente a las autoridades romanas:

"«¿Así que Tú eres rey?», le dijo Pilato. «Tú dices que soy rey», respondió Jesús. «Para esto Yo he nacido y para esto he venido al mundo, para dar testimonio de la verdad. Todo el que es de la verdad escucha Mi voz»" (Jn 18:37).

3. El concepto de la vida. Además de ser el camino y la verdad, Cristo dijo ser la vida. Recuerden que cuando Dios creó a Adán y Eva, el texto del Génesis señala que en medio del huerto había un árbol del cual ellos no podían comer. ¿Recuerdas el nombre del árbol? "El árbol de la vida y un segundo, el árbol del conocimiento del bien y el mal". El primer Adán perdió la vida al desobedecer; ahora, en el segundo Adán, el hombre recobra la vida. Es increíble notar que, en el huerto del Edén, Dios prohíbe a Adán y Eva comer del árbol del conocimiento del bien y del mal y comieron. Y ahora, en el N.T, Cristo se ofrece como el pan de vida, del cual todos podemos comer y nadie quiere comer de Él. El ser humano es rebelde; cuando se le prohíbe comer come, y cuando se le invita a comer no come. Es como si el hombre no tolerara recibir órdenes.

Antes de la caída, Adán y Eva tenían acceso a Dios, pero al pecar se desviaron y perdieron el camino de regreso. De aquí que sea tan importante el que Cristo haya venido a ofrecerse como el camino. Al pecar, Adán perdió la presencia de Dios. Adán sabía de la existencia y de la necesidad de Dios, pero había perdido el mapa para regresar. La solución era una persona que hubiese venido de la gloria que conociera el camino y nos lleve hasta allá. Y esa persona es Jesús. De ahí sus palabras: "Nadie ha subido al cielo, sino Aquel que bajó del cielo, es decir, el Hijo del Hombre que está en el cielo" (Jn 3:13).

El ser humano estaba perdido, muerto espiritualmente hablando, sin rumbo, sin camino de regreso y entretenido con mentiras con apariencia de verdad. Pero Dios Padre proveyó la solución:

> "Porque de tal manera amó Dios al mundo, que dio a Su Hijo unigénito, para que todo aquel que cree en Él, no se pierda, sino que tenga vida eterna" (Jn 3:16).

Esa es la oferta de Dios; pero dicha oferta no parece tan atractiva hasta que el hombre entiende una verdad que aparece en el mismo capítulo 3 del evangelio de Juan, justo antes de finalizar:

> "El que cree en el Hijo tiene vida eterna; pero el que no obedece al Hijo no verá la vida, sino que la ira de Dios permanece sobre él" (Jn 3:36).

Nota que este último texto no afirma que el que no encuentra al Hijo es condenado, sino que el hombre nace condenado y para salir de su estado de condenación necesita la obra redentora de Jesús.

EL SIGNIFICADO PRECISO DE LA SALVACIÓN: ¿DE QUÉ ESTAMOS SIENDO SALVADOS?

Es importante entender con claridad este pasaje que acabamos de citar para poder corregir una idea en cuanto a la salvación que suele estar en la mente de muchos que se denominan cristianos. Cuando hablamos de la salvación del ser humano, ¿a qué nos estamos refiriendo o de qué estamos siendo salvados? La Biblia enseña que somos salvados de la ira de Dios. Muchos piensan que somos salvados de Satanás, lo cual es completamente errado. Dios nos salva de Él mismo. Dios me salva de Dios, de su ira; de su condenación que ya pesaba sobre mí al momento de nacer.

Dios manifiesta su gracia para salvarme de su ira y de su justicia, porque Él es el que envía al pecador al infierno. Comprender esto es vital para tener un entendimiento correcto de la salvación que Dios ofrece.

Muchos piensan que es injusto que Dios envíe al infierno a aquellos que no han escuchado el evangelio. Entonces se preguntan, ¿qué pasará con aquellos que viven en poblaciones aisladas y que no han recibido la revelación de quién es Jesús y de su obra? ¿Cómo es posible que Dios los condene? El pensar de esta manera revela que no se ha entendido que Dios no nos condena en el futuro por no haber abrazado el evangelio, sino que nosotros ya nacimos condenados por nuestro pecado. El reconocimiento de Cristo como Salvador y Redentor quita la condena que ya pesaba sobre nosotros, porque ya estábamos muertos en "delitos y pecados" (Ef 2:1). Por lo tanto, el que rechaza al Hijo y su obra permanecerá bajo el castigo de Dios.

¿QUÉ SIGNIFICA CREER?

Para Juan, "creer" no es meramente afirmar que Dios existe: "El que cree en el Hijo tiene vida eterna; pero el que no obedece al Hijo no verá la vida, sino que la ira de Dios permanece sobre él" (Jn 3:36). Para Juan, creer es obedecer. La desobediencia es incredulidad.

La epístola de Santiago deja ver que es posible "creer" sin obedecer, pero esa no es la forma como Juan usa el verbo en Juan 3:36. Santiago señala: "Tú crees que Dios es uno. Haces bien; también los demonios creen, y tiemblan" (Stg 2:19). Jesús declaró: "Por sus frutos los conocerán" (Mt 7:16). Sin obediencia no hay fruto y sin fruto no hay salvación; los frutos son la evidencia de una verdadera salvación. Es imperativo que examinemos nuestros corazones para ver si realmente hemos sido salvados. Cuando Cristo nos salva, nuestro fruto lo revela porque somos hechos nuevas criaturas. Las preguntas más importantes sobre la vida no son meras curiosidades filosóficas, son un asunto de vida o muerte.

La palabra *conocer* es usada 141 veces en el evangelio de Juan, pero no siempre tiene el mismo significado. De hecho, hay cuatro niveles diferentes de cómo podemos conocer de acuerdo con lo que Juan describe:

- El primer nivel de conocimiento es simplemente el saber un hecho o un dato.
- El próximo nivel tiene que ver con entender la información. Por ejemplo, yo puedo saber que la velocidad de atracción o de aceleración de la gravedad de la tierra es 9.8 m/seg y no entender esa información. Pero otros no solo conocen ese dato, sino también entienden las implicaciones de esa información. Cuando entiendo la información tengo un segundo nivel de conocimiento. Ahora, si el avión se ve obligado a hacer un aterrizaje forzoso y yo muero porque no me puse el cinturón de seguridad, entonces yo perecí conociendo cómo opera la fuerza de la gravedad en una caída, pero sin hacerle caso al piloto cuando me ordenó colocarme el cinturón. Así ocurre en el mundo espiritual, usted puede conocer los hechos y saber que Jesús vino a ofrecerse como el único camino, y aun así no alcanzar salvación.
- Hay un tercer nivel de conocimiento que implica una relación; implica el creer en alguien y seguir sus pasos. Ese nivel de conocimiento sí trae salvación cuando aquel a quien sigo es Jesús.
- Pero hay un cuarto nivel de conocimiento que implica conocer a alguien profundamente fruto de una relación estrecha con esa persona. Si usted es amigo del piloto, en el ejemplo que les di, después del aterrizaje podrá sentarse con él para que le explique con detalles el aterrizaje.

Cuando experimentamos este cuarto nivel de conocimiento con relación a Jesús, finalmente podemos experimentar la paz que trasciende todo entendimiento. A este nivel de conocimiento es que Pablo alude en Filipenses 3:10 cuando señala que quiere conocer a Cristo y el poder de su resurrección. Los discípulos habían experimentado los tres primeros niveles de conocimiento de Jesús, pero aún no tenían paz. De ahí las palabras de Cristo en el aposento alto: "No se turbe su corazón" (Jn 14:1).

Pedro, el impulsivo, había preguntado: Señor, ¿a dónde vas? (Jn 13:36). Jesús le respondió que no podía acompañarlo en ese momento, pero que lo haría después. Sin embargo, Pedro no pudo controlarse y respondió: "¡Yo daré mi vida por ti!" (Jn 13:37). Pedro no conocía que sus emociones le traicionarían. Quizás ese sea tu caso... que hoy tienes mucho fuego por Dios, pero mañana le traicionarás. Si ese es tu caso, tus emociones aún necesitan conocer a Cristo en el sentido más profundo que hemos hablado.

Tomás, el incrédulo, pregunta: ¿cómo vamos a conocer el camino, si ni siquiera sabemos a dónde vas? (Jn 14:5). Tomás tal vez pensaba: "si nos dice a dónde va le creeremos." ¡No era cierto! Aun después de su resurrección Tomás se negó a creer. Tomás no sabía lo incrédulo que era, pero Dios se lo revelaría. Y algunos de nosotros, aun siendo cristianos somos incrédulos y por eso vivimos con tanta ansiedad y preocupación. Si eres como Tomás, aún vives a nivel de "ver para creer". Necesitas conocerle mejor hasta que puedas creer no por vista, sino por su Palabra. La vida cristiana está diseñada para ser vivida por fe y no por vista. Bienaventurados los que creen sin haber visto (Jn 20:29).

Felipe, el pragmático, dice: muéstranos al Padre y nos basta (Jn 14:8). En otras palabras, "Jesús, deja de filosofar y de hablar en parábolas y vamos al grano. Muéstranos al Padre y eso será suficiente esta noche para despejar este aire tan pesado que se ha creado". Jesús le responde que el problema es que Él ya le había revelado que Él y el Padre son uno y quien le ha visto a Él, ha visto al Padre. Con esto, Cristo no les estaba diciendo que Él y el Padre son una sola persona. ¡No! Son dos personas, pero lo mismo que el Padre tiene, lo tiene Jesús: la misma santidad, la misma veracidad, la misma gracia, el mismo amor, la misma justicia, la misma sabiduría y el mismo perdón de pecado. Ellos no iban a encontrar en el Padre algo que no habían encontrado en el Hijo.

Más adelante, Judas (no el Iscariote) le dijo: Señor, ¿y qué ha pasado que te vas a manifestar a nosotros y no al mundo? (Jn 14:22). Con esta pregunta nos damos cuenta de que los discípulos comenzaban a despertar al hecho de que Dios había hecho una elección y que, por razones que solo Dios conoce, Él no se manifestó a todo el mundo. Los discípulos disfrutaron de una revelación especial y eso es parte de la soberanía de Dios.

Jesús respondió una pregunta tras otra porque sabía que estaban confundidos. Felipe, "créanme que Yo estoy en el Padre y el Padre en Mí; y si no, crean por las obras mismas" (Jn 14:11). Con esto, Cristo trataba de recordarles sus milagros como evidencia de que Él era quien dijo ser: la conversión del agua en vino, la multiplicación de los panes, los leprosos que habían sido sanados, los ciegos que ahora veían, los cojos que caminaban, los endemoniados que ahora estaban libres, su caminata sobre las aguas, entre otros. Cristo probó con hechos lo que predicó en palabras. Cristo le envió una respuesta similar a Juan el Bautista cuando este dudó y envió sus discípulos a hacerle preguntas a Jesús:

"Y llamando Juan a dos de sus discípulos, los envió a preguntar al Señor: «¿Eres Tú el que ha de venir, o esperamos a otro?»".

Cuando los hombres llegaron a Él, dijeron: «Juan el Bautista nos ha enviado para que te preguntáramos: "¿Eres Tú el que ha de venir, o esperamos a otro?"». En esa misma hora curó a muchos de enfermedades, aflicciones y malos espíritus, y a muchos ciegos les dio la vista. Entonces Él les respondió: «Vayan y cuenten a Juan lo que han visto y oído: los ciegos reciben la vista, los cojos andan, los leprosos quedan limpios y los sordos oyen, los muertos son resucitados y a los pobres se les anuncia el evangelio" (Lc 7:19-22).

Jesús afirmó que sus obras y milagros confirmaban que Él era el Mesías anunciado. Él define el destino y la eternidad de todo ser humano de la siguiente manera:

"Porque así como el Padre levanta a los muertos y les da vida, asimismo el Hijo también da vida a los que Él quiere. Porque ni aun el Padre juzga a nadie, sino que todo juicio se lo ha confiado al Hijo, para que todos honren al Hijo así como honran al Padre. El que no honra al Hijo, no honra al Padre que lo envió. En verdad les digo: el que oye Mi palabra y cree al que me envió, tiene vida eterna y no viene a condenación, sino que ha pasado de muerte a vida. En verdad les digo que viene la hora, y ahora es, cuando los muertos oirán la voz del Hijo de Dios, y los que oigan vivirán" (Jn 5:21-25).

TERCERA SECCIÓN

APLICACIONES FUNDAMENTALES

CAPÍTULO **NUEVE**

¿CÓMO LA REFORMA PROTESTANTE RENOVÓ LA MENTE CRISTIANA?

LA HISTORIA

¿QUÉ BUSCÓ LA REFORMA PROTESTANTE?

Para la mayoría de las personas, el movimiento de la Reforma fue una "revolución" que dividió la iglesia conocida como la Iglesia Católica o Iglesia Católica, Apostólica y Romana. Son menos los que conocen que la Reforma Protestante fue un movimiento religioso que trajo cambios y desarrollo en el orden religioso, social, económico y político. Como consecuencia, surgió una nueva cosmovisión o una nueva manera de ver el mundo y la vida, una nueva visión cristiana de la cultura, del orden político y de la relación de la Iglesia con el Estado, basado en la soberanía de Dios en todos los aspectos de la vida. Juan Calvino, uno de los grandes reformadores, entendía que esta tierra era el teatro donde Dios había decidido desplegar su gloria.

Los reformadores entendieron que el Dios creador y sustentador del universo debe ser visto no solo como bondadoso, justo y santo, sino también como soberano sobre el reino de los humanos. El Dios soberano pasó a ser el centro de la historia y de todo el universo hasta el punto de que incluso la salvación se entendió como algo que Dios lleva a cabo primordialmente para su propia gloria, como vemos en los siguientes pasajes bíblicos:

"A todo el que es llamado por Mi nombre
Y a quien he creado para Mi gloria,
A quien he formado y a quien he hecho" (Is 43:7).

"Por amor Mío, por amor Mío, lo haré,
Porque ¿cómo podría ser profanado Mi nombre?
Mi gloria, pues, no la daré a otro" (Is 48:11).

Dios nos ha salvado para la alabanza de su gloria. Esta idea es repetida tres veces por el apóstol Pablo en su carta a los Efesios (Ef 1:1-14). Esto fue destacado muy bien por la Reforma Protestante. Sin lugar a duda, este fue un movimiento cristiano completamente teocéntrico, contrario al antropocentrismo del Renacimiento (siglo XV y XVI).

Nuestro Dios redentor es alto y sublime, pero permanece en íntima comunión con su creación (Is 57:15). A esto se le conoce como teísmo bíblico. Los reformadores señalaron que nosotros vivimos *Coram Deo* o de cara a Dios. Por tanto, cada cosa que hacemos es importante para Él porque no hay un momento de nuestra existencia que no debiera reflejar su gloria. Dios tiene el poder, la sabiduría, el derecho y el interés de orquestar para su propia gloria todo cuanto acontece. Dios ha hecho esto desde toda la eternidad (Ro 8:28-30). De ahí que Pablo termina parte de su reflexión en Romanos con esta gran afirmación: "Porque de Él, por Él y para Él son todas las cosas. A Él sea la gloria para siempre. Amén" (Ro 11:36).

El inicio de la Reforma Protestante coincide con el surgimiento del movimiento cultural conocido como el Renacimiento. La Reforma es considerada por algunos como un movimiento de dos caras porque, en primer lugar, produjo una reacción en contra de los errores afirmados por la Iglesia Católica que generó un genuino regreso a las Escrituras. Sin embargo, en segundo lugar, también es cierto que las ideas del Renacimiento tuvieron un gran impacto sobre los reformadores. El movimiento de la Reforma no solo tomó algunas de las ideas del Renacimiento, sino que también respondió en contra de otras ideas al afirmar que Dios —y no el ser humano— debe estar en el centro de todo lo que hacemos.

Durante el Renacimiento se redescubrió el humanismo griego, por lo que el ser humano empezó a ubicarse en el centro de la historia, y manifestó esta creencia tanto en la ciencia como en las artes. Por esa razón, la Reforma Protestante consideró de suma importancia la necesidad de proveer una visión bíblica del ser humano. Bajo este lente, el ser humano es visto como un ser caído, esclavo del pecado (Ro 7:14; 8:6-7; 2 Ti 2:25-26), incapaz de elegir a Dios (Ro 8:10-11), con una mente entenebrecida (2 Co 4;4) y muerto espiritualmente (Ef 2:1). Martín Lutero afirma lo siguiente en su famosa obra *Sobre la esclavitud de la voluntad* (*On The Bondage of the Will*):

> "Debido al pecado original nuestra naturaleza está tan torcida sobre sí misma, a los niveles más profundos, que ella no solo tuerce los mejores dones de Dios hacia sí misma para disfrutarlos (como hacen los moralistas e hipócritas), sino que también usa a Dios para obtener estos dones, sin ni siquiera conocer que, en esta forma malvada y torcida, está buscando todo, incluyendo a Dios, solo para sí misma".[23]

Sin embargo, el hombre sigue siendo portador de la imagen de Dios. Esa imagen quedó manchada con la caída, pero no fue borrada y, por tanto, el ser humano todavía es

---

23. *"On the Bondage of Will"* [*La esclavitud de la voluntad*], Luther, en Rupp y Watson, *Luther and Erasmus*, pp. 101-334.

responsable ante Dios de sus propias acciones y responsable del cuidado de esa imagen en el otro.

Juan Calvino nos deja ver la relación que existe entre el conocimiento de Dios y el conocimiento que tenemos de nosotros mismos:

"Casi toda la sabiduría que poseemos, esto es, la verdadera y sólida sabiduría, consiste en dos partes, el conocimiento de Dios y de nosotros mismos… De nuevo, es cierto que el hombre nunca alcanza un conocimiento claro de sí mismo. A menos que él haya primero mirado el rostro de Dios, y entonces desciende de contemplarlo a Él a escudriñarse a sí mismo".[24]

En otras palabras, cuando conoces a Dios, entonces estás listo para conocerte a ti mismo tal como eres en realidad. Esa fue la experiencia de Isaías, descrita en del libro que lleva su nombre (cap. 6).

Anterior a la Reforma, la vida era frecuentemente dividida entre la vida secular y la vida sagrada. Los que se dedicaban al ministerio tenían una vocación y el resto disfrutaba, en el mejor de los casos, de una profesión. Los reformadores cambiaron por completo ese concepto. Como vivimos *Coram Deo*, para los reformadores, toda la vida es sagrada. Como bien dijo un teólogo reformado posterior a la Reforma, Abraham Kuyper, no hay una sola pulgada cuadrada del universo que Jesús no reclame como suya. Para Lutero y otros que vinieron después, una vocación es cualquier actividad a la cual Dios te haya llamado.

Otras enseñanzas importantes de Lutero se encuentran en el tratado "A la Nobleza Cristiana de la Nación Alemana". El reformador expone en esta obra la doctrina de los dos reinos y la del sacerdocio de todos los creyentes. Su objetivo era derrumbar los "tres muros de los romanistas", las

---

24. Juan Calvino, "Institutes", I.2.2.

murallas con las que la Iglesia Católica intentaba proteger sus ideas.

La primera muralla afirmaba que había una clara distinción entre la "autoridad eclesiástica" y la "autoridad secular". Por el contrario, Lutero señalaba que todos los creyentes eran sacerdotes y que la única diferencia era el ministerio que ejercían. De ese modo, el trabajo de un obispo no era más sagrado que el trabajo de un agricultor. No existe división entre lo sagrado y lo secular, pues la Palabra nos demanda que todo lo que hagamos, incluso comer y beber, sea todo para la gloria de Dios (1 Cor 10:31).

La segunda muralla afirmaba que solo el papa podía interpretar la Biblia o autorizar sus interpretaciones. Lutero rechaza esa afirmación al declarar llanamente que esta supuesta autoridad única no se encuentra en ningún lugar de las Escrituras y fue inventada por los papas para mantenerse en el poder. El reformador derriba esta muralla al reafirmar el sacerdocio de todos los creyentes y afianzar la idea de que entender la fe es responsabilidad de todo cristiano.

La tercera muralla es finalmente derribada por Lutero al negar que solo el papa podía convocar concilios para renovar la iglesia. De nuevo, basándose en las Escrituras, escribió que todos los cristianos tienen la responsabilidad de confrontar el pecado de sus hermanos de acuerdo con la Biblia, incluyendo a los que están en autoridad. Decir que solo el papa podía convocar esos concilios era una manera de evitar que su "autoridad" fuera cuestionada.

Los reformadores entendieron muy bien las diferentes etapas de la historia de la humanidad, explicadas desde una perspectiva bíblica. Dios creó el mundo (Gn 1-2) y al terminar vio que su creación era buena en gran manera (Gn 1:31). Esta primera etapa es conocida como "Creación". La caída de Adán y Eva alteró permanentemente toda la creación (Gn 3). La relación hombre-mujer se vio afectada; el trabajo sería ahora pesado para el hombre y la labor de parto sería dolorosa para la mujer. Esto produjo que todo funcionara mal en todos los niveles. Esta segunda etapa es conocida como la "Caída". Dios comenzó la etapa de la "Redención" o "Restauración" de todas las cosas a su orden inicial desde el momento de la caída (Gn 3 – Ap 20). La cuarta y última etapa es la época de la "Glorificación", cuando la creación volverá a su orden original.

CREACIÓN – CAÍDA – REDENCIÓN – GLORIFICACIÓN

Durante la etapa de la redención, el cristiano tiene la responsabilidad de contribuir no solo a la misión de anunciar el evangelio para la redención del hombre, sino también de asumir su responsabilidad relativa a la creación. Por tanto, el ejercicio de la profesión de un médico tiene un propósito que va más allá de sanar a un paciente o de hacer dinero. El propósito número uno de un médico cristiano es contribuir con la redención de lo que ha sido "roto", en este caso, la salud, como una forma de glorificar a Dios al cuidar de la creación y de los seres creados.

Para los teólogos de la Reforma, la máxima autoridad en materia de fe y conducta era la Palabra de Dios. Por consiguiente, la Biblia fue aplicada a todos los ámbitos de la vida. Las Escrituras son la última corte de apelación porque en ella encontramos todo lo que los humanos necesitamos saber para la vida y la piedad (2 P 1:3). Toda otra autoridad está supeditada a la autoridad del Autor de las Escrituras. Lutero sostenía la Palabra de Dios en alto, pero también reconocía que el razonamiento humano tiene su lugar de importancia, particularmente en temas de la vida práctica. Él escribió:

"En asuntos de este mundo temporal y cosas que tienen que ver con el hombre, la razón del hombre es suficiente: aquí él no necesita de ninguna otra luz que no sea la de su razón. Por tanto, Dios no nos enseña en las Escrituras cómo construir casas, hacer ropas, cómo casarnos, cómo hacer la guerra, cómo navegar y cosas similares. Para esto la luz de la naturaleza es suficiente".[25]

Los reformadores no rechazaron la razón, tanto Lutero como Calvino la subordinaron al testimonio que Dios da de sí mismo en su Palabra. *Sola Scriptura* o solo la Escritura era uno de los gritos de batalla de la Reforma, junto con *Sola Fide* o la salvación solo por la fe (Ef 2:8-9). Las obras no contribuyen en lo más mínimo a la salvación del ser humano, pero sí pueden poner en evidencia la salvación de ese individuo. Como el ser humano quedó destituido de la gloria de Dios y con la voluntad esclavizada al pecado, no busca de Dios, como ya afirmamos. Por tanto, cuando un individuo recibe salvación es porque Dios le ha llamado, sin ningún mérito de su parte (*Sola Gratia* o salvación solamente por gracia). Dicha salvación solamente es alcanzada en Cristo y en ningún otro (*Solus Christus* o Solo Cristo). Cuando todo esto es realizado, el propósito primario de toda esta redención es para la gloria de Dios solamente (*Soli Deo Gloria*).

Juan Calvino contribuyó mucho al desarrollo de una nueva visión cristiana de la cultura, del orden político y de la relación de la Iglesia con el Estado basado en la soberanía de Dios en todos los aspectos de la vida en esta tierra, que Calvino definía como el teatro donde Dios había decidido desplegar su gloria. Como podemos ver, la Reforma Protestante, no fue solamente un avivamiento espiritual, sino también una revolución que afectó todas las esferas de la Iglesia y la sociedad.

---

25. Citado por B.A. Gerrish, "Luther's Belief in Reason", extraído de *Luther: A Profile*, ed. H.G. Koenisgsberger (Nueva York: Hill and Wang, 1973), p. 198.

LA REFORMA PROTESTANTE Y EL
MOVIMIENTO DE LA ILUSTRACIÓN

La Ilustración fue un movimiento intelectual europeo que se desarrolló durante los siglos XVII y XVIII. La Enciclopedia Británica establece que "centrales al pensamiento de la Ilustración estuvieron el uso y celebración de la razón, por medio del cual los hombres entienden el universo y mejoran su condición. Las metas del hombre racional fueron el conocimiento, la libertad y la felicidad".[26] Como hemos visto, hasta este tiempo había existido una alianza entre la filosofía y la teología como ciencias para la búsqueda de la verdad. Europa era en general teísta, pero toda esta idea comenzaría a cambiar a causa de este movimiento de la Ilustración.

Durante la Ilustración, la ciencia comenzó a florecer con una rapidez que no se había visto antes en la historia. Los científicos tenían una mayor capacidad para describir el mundo a través de fórmulas matemáticas y leyes físicas, lo que provocó que algunos pensadores escépticos empezaran a considerar que se podía hacer a un lado la idea de Dios. El universo empezó a verse como una especie de reloj de cuerda que funcionaba gracias a las leyes de la naturaleza. El papel de Dios quedó reducido a ser el creador/inventor que luego abandonó esa máquina automática que se mantenía por sus propias leyes inmutables. La Ilustración fue un terremoto intelectual que destruyó los cimientos de la sociedad.

Mientras esto sucedía, Dios seguía moviéndose en la iglesia a pesar de todos esos cambios telúricos en la sociedad y la cultura de ese tiempo. La iglesia estaba experimentando un avivamiento que podría verse como la oposición de Dios a las ideas naturalistas que se estaban promoviendo. John Wesley (1703-91) lideró un gran avivamiento en Gran Bretaña, hasta

---

26. Brian Duignan, "Enlightenment", Enciclopedia Británica, diciembre 31, 2019. https://www.britannica.com/event/Enlightenment-European-history.

el punto de que algunos historiadores han afirmado que la única razón por la que Inglaterra no tuvo una especie de Revolución Francesa se debió al avivamiento espiritual producido bajo el liderazgo de John Wesley.[27] Dentro de la Iglesia Católica de Francia se levantó el Jansenismo en el siglo XVII. Este movimiento enfatizaba la severidad de la depravación humana y la necesidad de la gracia divina para salvación. El Pietismo (siglo XVII y XVIII) se desarrolló en Alemania y, por otro lado, un gran avivamiento bajo el liderazgo de Jonathan Edwards (1703-58) se llevó a cabo en Estados Unidos, conocido posteriormente como el primer gran avivamiento. Todo esto ocurrió mientras se propagaba el movimiento secular llamado la Ilustración.

CHOQUE DE COSMOVISIONES

Como se afirmó, la Ilustración fue un terremoto intelectual que destruyó los cimientos de la sociedad. El teólogo R. C. Sproul nos ofrece una anécdota que ilustra perfectamente lo sucedido durante este tiempo. Después de un terremoto particularmente fuerte en el estado de California, Estados Unidos, los miembros de una iglesia presbiteriana fueron a ver qué había sido del templo en el que se reunían. El edificio era muy grande y costoso, así que se alegraron muchísimo cuando vieron que no había ni una sola ventana rota y no se veían daños mayores por ningún lado. Sin embargo, cuando llamaron a los expertos para que evaluaran la estructura del templo, ellos determinaron que el edificio era inhabitable. Los cimientos habían sufrido un daño irreparable. A pesar de que por fuera todo se veía aparentemente bien, el daño a los cimientos del edificio ponía en peligro mortal a cualquiera que cruzara la puerta.

---

27. "Evangelical Revival in England", *Christianity* (Publicado originalmente en mayo 03, 2010), https://www.christianity.com/church/church-history/timeline/1701-1800/evangelical-revival-in-england-11630228.html

Después del impacto del movimiento de la Ilustración, la sociedad seguía funcionando y lucía muy bien, sin embargo, podemos reconocer que sus bases fueron debilitadas significativamente hasta el punto de que la sociedad occidental nunca se recuperó del impacto producido por este movimiento secular.

Es difícil decir con certeza qué cosmovisión dominó durante la guerra de ideas entre los siglos XVII y XVIII. Por un lado, tuvimos el movimiento antropocéntrico de la Ilustración y, por el otro, los grandes avivamientos cristianos centrados en Dios y su gloria.

Lamentablemente, el impacto del movimiento de la Ilustración (mediados del siglo XVIII – principios del siglo XIX) hizo que durante este período el **teísmo bíblico** de los reformadores fuera reemplazado por el **deísmo,** es decir, la idea de que Dios creó el mundo, pero se desentendió de su creación. Esto ha tenido un impacto enorme en la mente de muchos, incluyendo en la de los cristianos, cuyas vidas de lunes a viernes lucen muy distintas a como lucen el domingo. Contrario a las ideas de los reformadores, el mundo volvió a dividirse entre lo "espiritual" y lo "natural", y empezó a relegar la fe cada vez más solo al ámbito de lo privado. El concepto de revelación de parte de Dios desaparece porque el mundo espiritual fue considerado como inaccesible.

Los pensadores de la Ilustración tenían una confianza extrema en el intelecto humano. El conocimiento verdadero, según ellos, solo podía adquirirse de forma empírica (a través de la experimentación) o de manera racional (a través de la deducción). Durante la Modernidad, el gran sueño dominante de los seres humanos era que todos los problemas se resolvieran por medio de la ciencia y su desarrollo.

No hay duda de que para los siglos XIX y XX, desafortunadamente, la cosmovisión secular triunfó en medio de la sociedad. Debido a lo que está revelado en la Palabra de Dios, los cristianos tenemos la convicción de que esta concepción del mundo no triunfará al final de los tiempos, pero no podemos negar que ha triunfado por el momento. Como señalamos antes, esto no sucedió de la noche a la mañana. Las ideas seculares que dominan en la cultura contemporánea fueron sembradas hace mucho tiempo atrás. En el próximo capítulo, veremos algunas de las características más importantes de la cosmovisión secular posmoderna que domina la sociedad actual, y cómo los cristianos podemos responder a sus argumentos.

UNA PERSPECTIVA REFORMADA SOBRE EL TRABAJO

De acuerdo con mi experiencia, la mayoría de los cristianos tiene un entendimiento limitado de lo que es el llamado de Dios y, por tanto, tienen un mal entendimiento de lo que es el trabajo. Muchos comprenden el llamado casi exclusivamente en relación con lo que se conoce como el llamado ministerial y, de manera particular, cuando una persona es llamada a ser pastor. Sin embargo, pensar de esta manera limita mucho el entendimiento de la revelación de Dios en cuanto a la responsabilidad del ser humano aquí en la tierra.

Desde que Dios creó a Adán y Eva, podemos identificarnos con el llamado inicial que recibió esta primera pareja y sus descendientes. Ellos fueron llamados con estas palabras: "Sean fecundos y multiplíquense. Llenen la tierra y sométanla. Ejerzan dominio sobre los peces del mar, sobre las aves del cielo y sobre todo ser viviente que se mueve sobre la tierra" (Gn 1:28). Más adelante, leemos, "El SEÑOR Dios tomó al hombre y lo puso en el huerto del Edén para que lo cultivara y lo cuidara" (Gn 2:15). Esta asignación les fue dada antes de la caída; ese trabajo, con todas sus implicaciones posteriores, ha sido denominado "el trabajo de creación". La caída del hombre alteró drásticamente las condiciones bajo las cuales la humanidad trabajaría, pero en la mente de Dios no se alteró en nada el propósito del trabajo: la gloria de Dios y la satisfacción de la humanidad.

Para los griegos, el "ocio" era la actividad de mayor virtud y le llamaron "trabajo" a la negación del ocio. Bajo esa cultura, se llegó a pensar que el trabajo por necesidad era indigno para alguien libre. Por tanto, entre los trabajos más nobles estaba filosofar y hacer política. Esta visión fue cambiando y, con el tiempo, se comenzó a considerar el trabajo como un servicio a la sociedad, a uno mismo y a los nuestros. Durante la Edad Media y hasta la época de la Reforma, se desarrolló una división entre lo que era considerado trabajo secular (hecho en la sociedad) y lo que era considerado "trabajo sagrado" (relacionado con la vocación religiosa). Sin lugar a duda la caída trastornó tanto las condiciones como el entendimiento del trabajo.

Posterior a la caída, habría necesidad de un tipo de trabajo diferente que tendría que ver con la evangelización del mundo y con la redención de lo creado. Ese trabajo ha sido denominado "el trabajo de redención". De manera que al estudiar la revelación bíblica es fácil ver esta responsabilidad dual que Dios les dio al hombre y a la mujer. Se trata de un trabajo directamente relacionado con la redención del alma esclavizada al pecado, lo cual Dios lleva a cabo mediante la predicación del evangelio. Entonces tenemos el "trabajo de creación" que está relacionado con lo que hacemos en la sociedad, en el mundo laboral, en la cultura o en la generación en la que Dios nos coloca para beneficio de la humanidad en general. El "trabajo de redención" también es el llamado a evangelizar, a hacer discípulos y a servir al Señor en los ministerios que nos ha concedido. Ambas son tareas que todo cristiano está llamado a cumplir para la gloria de Dios.

Los hijos responsables de Dios se involucran en ambos trabajos. No todo el mundo ha sido llamado a realizar la misma tarea y eso es claro en el registro bíblico:

- Moisés sirvió a Dios como legislador y profeta.
- José sirvió a Dios como un hombre de estado, al igual que Daniel.

- David sirvió a Dios como pastor y luego como rey.
- Pablo sirvió a Dios como evangelista, plantador de iglesias y pastor.

Como hemos señalado, hasta la época de la Reforma hubo un entendimiento equivocado respecto al llamado humano. Se hablaba entonces de que los ministros religiosos tenían una vocación y un llamado especial de parte de Dios para hacer una tarea sagrada, mientras que se consideraba el resto de la labor humana como algo secular y de menor valor. Martín Lutero y los reformadores pusieron fin a esa dicotomía y entendieron que la vocación es aquello a lo que Dios te ha llamado. Si Dios te ha llamado a servirle en algo particular, eso que haces es tan sagrado para Él como cualquier otra cosa que otros puedan hacer por asignación divina. Todo trabajo dignifica al ser humano. Timothy Keller lo afirma de esta manera: "tú no tendrás una vida de significado sin trabajar, pero no puedes decir que tu trabajo es el significado de tu vida".[28] Keller agrega más adelante en su libro: "el trabajo, y la pérdida de él, es un componente indispensable en una vida de significado. Es un don supremo de Dios y una de las cosas que da propósito a nuestras vidas".[29]

Pablo escribió con mucha claridad con respecto a las ocupaciones de los cristianos: "Todo lo que hagan, háganlo de corazón, como para el Señor y no para los hombres" (Col 3:23). Pablo nos recuerda que toda obra hecha por un hijo de Dios aquí en la tierra, debe ser hecha como para el Señor y no para recibir elogios de los demás. En este texto no se hace diferenciación entre el trabajo de redención, tal como lo definimos anteriormente, y el trabajo de creación. No importa lo que estemos haciendo, eso que desempeñamos en la vida es una de las múltiples obras dadas por Dios

---

28. Timothy Keller, *Every Good Endeavor*, [*Toda buena obra*], (Nueva York, New York: Penguin Group, Inc., 2012), p. 39.
29. Ibíd., p. 41.

a la humanidad para que glorifiquemos su nombre. El único trabajo que podríamos descartar sería alguno que, por su naturaleza, función o resultados, sea considerado inmoral o dañino para la humanidad.

Cada talento con el que el ser humano nace y es capaz de desarrollar, es algo que ha sido dado por su Creador con la intención expresa de ser usado de alguna manera que traiga gloria a su nombre y que, a través de la multiforme gracia del Señor, refleje la creatividad y la prodigalidad infinita de nuestro Dios. Dios nos dio en su Palabra toda una cosmovisión de cómo vivir en este mundo de una manera santa y digna de nuestro llamado en todos los ámbitos.

Para el cristiano, toda la vida es sagrada. Estas palabras de J.P. Moreland pueden ayudarnos a entender esa afirmación aún más:

> "Para un discípulo, la universidad no es solamente para conseguir un trabajo. Es más bien, descubrir una vocación, identificar un campo de estudio a través del cual pueda servir a Jesús como su Señor. Y una manera de servirle es que yo aprenda a pensar de una manera cristiana en cuanto a mi carrera. El cristianismo de una persona no comienza en un estudio bíblico en el aula, cuando sus clases [universitarias] terminan; sino que permea toda la vida, incluyendo cómo uno piensa de las ideas en su área de especialización". [30]

Los reformadores vieron el trabajo no solo como un medio para obtener ingresos y disfrutar la vida material bajo el sol, sino también como una manera más para glorificar a nuestro Dios. Nuestra sociedad materialista trabaja para "el aquí y ahora". Bajo esa óptica, con frecuencia, se trabaja de lunes a viernes para disfrutar el domingo. Pero eso dista mucho de

---

30. J.P. Moreland, *Love Your God with All Your Mind* (Colorado: Nav Press, 1995), p. 28.

cómo Dios entiende nuestro trabajo y que podría definir de la siguiente manera:

Una actividad que debe traer gloria a su nombre y un esfuerzo voluntario que trae sentido de propósito y significado a los seres humanos.

CAPÍTULO DIEZ

¿CÓMO IMPACTAR NUESTRA ESFERA DE INFLUENCIA?

LA FUERZA TRANSFORMADORA DEL CRISTIANISMO

En el capítulo anterior vimos cómo la Reforma fue un gran motor de cambio en la sociedad europea que se expandió posteriormente a Norteamérica y otras regiones de occidente. Muchos de los que abrazaron la fe cristiana lo hicieron de tal manera que llevaron sus convicciones más allá de las cuatro paredes del templo, y pudieron llegar hasta el mismo seno de la sociedad. Hoy, sin embargo, nuestra realidad parece ser casi lo opuesto. Es difícil ver cómo la cosmovisión cristiana está impactando la sociedad de nuestros días, aun en países que afirman ser cada vez más evangélicos en América Latina. Por el contrario, es cada vez más común que las ideas referentes a la fe sean completamente rechazadas en la esfera pública y aun poco toleradas. Se nos acusa de ser intolerantes; pero quienes nos acusan nos impiden disfrutar de la libre expresión para poner de manifiesto nuestras diferencias. Es más fácil que un hinduista o budista pueda expresar lo que cree con libertad que alguien que profesa la fe cristiana.

De seguro te estás preguntando, ¿cómo hemos llegado hasta aquí? ¿Qué podemos hacer al respecto? Antes de responder a esas preguntas, vale la pena tomar un momento para evaluar algunas de las características principales del mundo actual. Antes de dar un paso hacia adelante, miremos el lugar en donde vivimos.

VIVIMOS EN UN MUNDO "SIN DIOS"

La empresa Gallup ha preguntado en la sociedad americana cuántas personas creen en Dios, y la respuesta ha variado de un 87 a 64 por ciento, dependiendo de cómo la pregunta es hecha. Si la pregunta es simplemente para responder sí/no, entonces, encontramos el más alto porcentaje (87%).[31] Por otro lado, "La investigación del grupo Barna muestra que solo el 17 por ciento de los cristianos que consideran importante su fe y asisten a la iglesia regularmente tienen una cosmovisión bíblica".[32] Sin lugar a duda, estos números han ido descendiendo con el paso de los años debido a la idea de que creer en un Dios creador y redentor es poco sofisticado y contrario a la ciencia.

No podríamos decir que Estados Unidos, como nación representante del mundo occidental, es una nación atea, pero sin lugar a duda podríamos decir que en general funciona, como ocurre con muchos de nuestros países, como una nación secular. Esto implica que las creencias cristianas que una vez pesaron mucho en la mente de los ciudadanos no tienen el mismo peso hoy. La influencia de los valores judeocristianos que promovieron la oración en las escuelas y frenaron el aborto por años ha desaparecido.

Charles Taylor, en su libro *A Secular Age* (Una era secular), señala lo siguiente:

---

31. Zach Hrynowski, "How Many Americans Believe in God?", https://news.gallup.com/poll/268205/americans-believe-god.aspx, noviembre 2019.

32. "Competing Worldviews Influence Today's Christians", Comunicados de investigación en cultura y medios de comunicación, mayo 9, 2017: https://www.barna.com/research/competing-worldviews-influence-todays-christians/

"las organizaciones políticas de todas las sociedades premodernas, de alguna manera estuvieron conectadas, basadas, o garantizadas por alguna fe en algo o adherencia a Dios o alguna noción de la última realidad; pero que el estado de occidente moderno está libre de tal conexión".[33]

Es a esta falta de influencia de la creencia en Dios a la que Taylor se refiere cuando habla de que vivimos en una era secular. Él escribe con relación a Estados Unidos, pero es claro que hay naciones de América Latina que se encuentran en posiciones similares. Ciertamente, Uruguay es un caso, como lo es Chile y Argentina en la opinión de muchos. De hecho, Uruguay fue fundada como una nación secular desde su inicio.

Pasando al orden personal, es muy penoso notar que en muchos de los que se identifican como cristianos, su creencia en Dios no hace diferencia alguna en su estilo de vida o forma de trabajo. En esencia, son ateos prácticos.

Es evidente que esto no ocurrió de la noche a la mañana. Recordemos que las ideas tienen consecuencias. Los conceptos que se conciben en el mundo académico no se quedan en los centros universitarios. Eventualmente, estas ideas permean en toda la sociedad. Desde el "Dios ha muerto" de Nietzsche (1884) hasta la portada de la revista Time con la pregunta "¿Dios está muerto?" (1966) hemos visto cómo estas proclamas de un Dios irrelevante han calado profundamente. Son muchos los que han seguido esa corriente. Poco a poco esta idea fue calando en las mentes de las personas, incluyendo en las de muchos teólogos cristianos (basta con buscar "ateísmo cristiano" en Google).

Tenemos que admitir que el cristianismo contemporáneo no está experimentando un tipo de oposición o dificultades que no hayan sido vistas en el pasado. De hecho, la oposición

---

33. Charles Taylor, *La era secular* (Barcelona: Gedisa, 2014), Tomo 1.

fue aún peor en los primeros siglos y lo sigue siendo de manera severa en muchas naciones donde predomina la fe musulmana. El apóstol Pablo ya nos advertía hace más de dos mil años atrás:

> "Miren que nadie los haga cautivos por medio de su filosofía y vanas sutilezas, según la tradición de hombres, conforme a los principios elementales del mundo y no según Cristo" (Colosenses 2:8).

Desde el comienzo de la historia han existido corrientes de pensamiento que desvían de la verdad a hombres y mujeres. Es importante que nosotros aprendamos a identificar estas ideas que muchas veces son sutiles y hasta suenan inteligentes y convincentes, pero son engañosas y se oponen al señorío de Cristo. Pero para poder confrontarlas es necesario hacerlo con la revelación de Dios. También es vital que tengamos cuidado con los principios que nosotros mismos compartimos, examinándolos a profundidad con la Palabra de Dios, pues estos tendrán efectos que hoy ni siquiera imaginamos en las generaciones venideras.

VIVIMOS EN UN MUNDO PLURALISTA

Nuestra cultura no es solo atea en el sentido práctico, sino también pluralista. El pluralismo tiene varias acepciones según el campo del conocimiento en que se utilice este concepto, pero la característica clave del pluralismo es el igualitarismo de los valores, las religiones y las ideas en general.

Los cristianos creemos que todos somos iguales en dignidad delante de Dios y delante de los demás seres humanos. No importa nuestro color de piel, nuestra edad, nuestra capacidad física o mental, nuestro sexo, nuestro lugar de origen, todos somos igual de valiosos a los ojos de Dios. El problema surge cuando este igualitarismo se aplica al mundo de las ideas. El pluralismo enseña que todas las ideas son igual de válidas. Cuando uno abraza este concepto, las convicciones se reducen a meras opiniones y terminamos diciendo algo como esto: "tú tienes tus convicciones y yo tengo las mías, y ambas son igualmente válidas". Esta forma de razonar puede ser considerada humilde, pero no es lógica. Vimos anteriormente que dos declaraciones contrarias no pueden ser ambas ciertas si son expresadas al mismo tiempo y en un mismo sentido. Si yo digo que "Jesús es Dios" y un musulmán afirma que "Jesús no es Dios", uno de los dos tiene que estar equivocado.

Quisiera enfatizar lo que acabo de decir porque lo considero de suma importancia para entender la realidad contemporánea. Hoy se propugna por una sociedad pluralista —aceptando todas las ideas como igualmente buenas y válidas— mostrando una tolerancia irrestricta. Esto es un error a la luz de toda lógica. La tolerancia no aplaude todas las ideas como buenas y válidas, sino que otorga el derecho al individuo de expresar sus ideas y ser respetado cuando lo haga. En un ambiente de real tolerancia las ideas pueden coexistir y ser confrontadas unas con otras. Los cristianos creemos que un espacio así hará que la verdad de Dios brille y prevalezca.

VIVIMOS EN UN MUNDO POSMODERNO

Como parte del pluralismo de nuestros días, hemos tenido que vivir bajo la influencia del movimiento posmoderno. Esta nueva corriente de pensamiento enseña que no hay valores absolutos, sino que todo es relativo. Según sus seguidores, todas las ideas son válidas porque ninguna contiene la verdad absoluta. En el mejor de los casos, las ideas contienen porciones de la verdad, pero no toda la verdad. Las ideas son simples percepciones o puntos de vista de cada observador o persona pensante. Ni siquiera las palabras tienen un significado objetivo para el pensamiento posmoderno. Más bien, las palabras tienen el significado que el lector o receptor les asigne. De esto ser así, no hay manera ni siquiera de tener una conversación coherente con varias personas en vista de que cada cual puede estar interpretando algo completamente contrario a lo que yo he estado tratando de comunicar.

Es en este ambiente, por ejemplo, que surge la revolución sexual de nuestros días y de forma repentina se comienza a decir que el sexo solo tiene que ver con las características de los genitales y que el género es lo que la persona afirma **SENTIR** que es en realidad. Por primera vez en la historia podemos ver que una verdad, en este caso biológica, es definida en base a un sentimiento. Algo totalmente absurdo. Un hombre tiene un genotipo claramente identificado (XY). Esto es lo que él es en su interior, y esa huella está en cada célula de su cuerpo. No hay manera de negarlo. Por otra parte, ese hombre tiene un fenotipo, también claramente identificable, que son sus órganos genitales. Esa persona pudiera no aceptar eso, pero eso es lo que él es "por dentro y por fuera". Explicar la verdad tal como es, podría ayudar más a estas personas a aceptar su realidad que mutilar su cuerpo para adaptarlo a una irrealidad de la mente.

Alguien que abrace este movimiento no podría recibir el mensaje que he querido transmitir a través de este libro. Por el contrario, cada lector le asignaría a mis palabras el significado que desee desde su propia cosmovisión. Me pregunto cómo podríamos comunicarnos en todo orden de cosas bajo ese tipo de concepción del entendimiento humano. Podemos no estar de acuerdo, pero sí Podemos debatir nuestras ideas en búsqueda de la verdad. Sin embargo, hoy eso es casi imposible al notar la intención totalitaria de aplastar toda idea contraria.

Es importante también que conozcamos que en el movimiento posmoderno tampoco existen los metarrelatos. En el primer capítulo aprendimos que un metarrelato es una gran historia que busca explicar todas las demás historias que dependen de esa historia global dominante. La cosmovisión cristiana es un metarrelato, en el sentido de que busca explicar el mundo en que vivimos a través de la historia de la creación, caída, redención y glorificación de los seres humanos que, como podemos suponer, involucra toda la historia de la humanidad de principio a fin. El posmoderno no acepta que haya una gran verdad dominante que explique todo lo demás. Ellos tienden a cuestionar cualquier metarrelato porque perciben que ha sido construido por los que tienen poder y autoridad para prevalecer sobre los menos favorecidos. Por tanto, según ellos, la historia (secular y bíblica) requiere ser reconstruida porque los autores la escribieron desde su posición de poder y estaban llenos de prejuicios.

Los posmodernos concluyen que la historia necesita ser reescrita a la luz de nuestras nuevas creencias y formas de pensar pluralistas. A esto último se le conoce como deconstruccionismo, una práctica que involucra encontrar una nueva interpretación a los metarrelatos. Esto provoca que el posmoderno cuestione absolutamente todo, incluyendo la religión, la arquitectura, el arte, la estética y hasta la ciencia. Si aceptamos su posición de esta manera, mañana tendríamos que decir que la historia escrita por los posmodernos también tendría que ser deconstruida porque fue escrita por personas que dominaron los medios e influyeron a través de ellos. Además, lo hicieron con sus propios prejuicios y preconcepciones. El posmoderno, al afirmar estas ideas, corta la rama sobre la cual él estaba sentado. Sus afirmaciones contradicen sus postulados.

VIVIMOS EN UN MUNDO CUYA CONSCIENCIA HA SIDO ADORMECIDA

Dios creó al ser humano para que perciba y filtre la realidad a través de su consciencia. De esa manera podemos interpretar las acciones e ideas como buenas o malas, válidas o inválidas (Ro 2). Este ejercicio consciente nos permite abrazar la verdad y rechazar la mentira. Desafortunadamente, la consciencia humana ha sido adormecida por el pecado y por su separación de Dios. Mientras más lejos está la sociedad de Dios, menos sensible es esa consciencia. Esto ocasiona un gran problema al manejar toda la información que llega a nosotros. Vivimos en una sociedad que nos provee un Niágara de información a una gran velocidad. El contenido llega más rápido que nunca gracias a Internet y las Redes sociales. Hay poco tiempo para procesar las cosas y la consciencia no es capaz de filtrar todo lo que vemos, leemos y escuchamos. Esto provoca que no evaluemos bien todas las ideas que consumimos, sino que las absorbamos casi sin darnos cuenta. Finalmente, esto terminará cambiando nuestra manera de pensar. La información masiva de nuestros días llega al cerebro antes de que haya podido ser decodificada.

Estamos hablando de un círculo vicioso inevitable. La conciencia adormecida no filtra las ideas contrarias a la verdad y estas van cambiando nuestra mente de forma sutil. De hecho, últimamente se habla de que el cerebro es plástico en el sentido de que las neuronas se aparean de forma distinta conforme a las experiencias vividas. Es decir, toda información recibida cambia incluso la estructura de nuestro cerebro; y no nos hemos percatado de esta realidad. La neurobiología así ha hecho la observación. Múltiples estudios y recursos están disponibles para verificar esta idea de que el cerebro es maleable. Esto hace que nuestra consciencia se haya vuelto cada vez más insensible a la falsedad de nuestros días.

VIVIMOS EN UN MUNDO QUE HA REDEFINIDO LA VERDAD

Tradicionalmente se ha enseñado que la verdad es aquello que corresponde con la realidad. El mundo actual, sin embargo, tiene una idea muy distinta de lo que es la verdad. Como lo hemos dicho, hoy se puede decir con mucha soltura: "Quizá eso es verdad para ti, pero no lo es para mí". La verdad se ha redefinido como aquello que se corresponde con mi experiencia interior y mi vivencia exterior, aun si estas experiencias no corresponden a la realidad. Alguien pudiera ver un lápiz dentro de un vaso de agua y verlo torcido y afirmar que dicho lápiz está torcido porque esa es su experiencia visual. De ese modo, deja a un lado la realidad de que el lápiz se ve así por el efecto de la refracción de la luz cuando pasa de un medio a otro que tiene un índice de refracción distinto, lo cual hace cambiar la velocidad y dirección de la luz. Una vez más, la verdad es lo que corresponde a la realidad y no lo que yo percibo.

Este concepto de verdad no es extraño a la vida de la Iglesia. Es común escuchar a las personas decir: "Este versículo o texto bíblico significa esto para mí …". Ya no importa lo que Dios reveló a través de Moisés o David, sino lo que cada persona entiende que significa de acuerdo con la experiencia, sentimientos, circunstancias y opinión de cada lector. El apóstol Pablo, una vez más, ya nos había advertido severamente con respecto a usar nuestra experiencia como medida de la realidad. Observen la tremenda sujeción del apóstol a una verdad inconmovible que era más grande que él mismo:

"Pero si aun nosotros, o un ángel del cielo, les anunciara otro evangelio contrario al que les hemos anunciado, sea anatema" (Gálatas 1:8).

Si se te apareciese un ángel bajando por una montaña afirmando que Jesucristo no es el Hijo de Dios o que Jesucristo no es eterno, quedarías sorprendido por la aparición. No podríamos negar de forma absoluta dicha aparición (aunque podemos cuestionarla), porque no estuvimos allí. Pero lo que sí podemos hacer es cuestionar la validez de esa experiencia. ¿Cómo niego la validez de tal experiencia? Haciendo uso de la verdad. ¿Cuál es esa verdad? La revelación de Dios. Los cristianos no descansamos en nuestras percepciones, sentimientos o circunstancias para encontrar la verdad. Nosotros la encontramos en la Biblia y escudriñamos la Palabra de Dios cada día porque,

> "Lámpara es a mis pies Tu Palabra,
>   Y luz para mi camino" (Salmo 119:105).

Bien nos advirtió el apóstol Pablo, cuando dijo:

> "Porque no nos atrevemos a contarnos ni a compararnos con algunos que se alaban a sí mismos; pero ellos, midiéndose a sí mismos y comparándose consigo mismos, carecen de entendimiento" (2 Co 10:12).

¿CÓMO LLEGAMOS HASTA AQUÍ?

Hasta ahora, hemos visto algunas características del mundo occidental actual:

Un mundo sin Dios.
Pluralista.
Posmoderno.
Con la consciencia adormecida.
Con redefinición de la verdad.

Después de la Reforma Protestante el cristianismo tuvo un gran impacto positivo en la sociedad occidental, pero actualmente ha quedado relegado al ámbito de lo privado. Puedes decir que crees en Dios, pero debes guardar tus creencias para tu vida privada y religiosa entre las cuatro paredes de tu iglesia o de tu hogar. Ya no puedes confrontar las ideas o las prácticas de otros, porque son igual de válidas que las tuyas o por el temor a ser tildado de intolerante. Nos volvemos a hacer la pregunta, ¿cómo llegamos hasta aquí? La respuesta es compleja, pero en este capítulo quiero resaltar un aspecto importante que no hemos hablado hasta ahora. Me refiero al auge de la filosofía empirista en el siglo XX.

Como aprendimos en el Capítulo 1, la epistemología es la rama de la filosofía que estudia el conocimiento y es uno de los elementos básicos de toda cosmovisión. El empirismo es una perspectiva epistemológica que enseña que la única manera de conocer algo es a través de los sentidos, enfatizando la importancia de obtener evidencia empírica o experimental para respaldar la validez de una idea. La verdad quedaría definida por lo que veo, lo que oigo, lo que huelo y lo que puedo saborear o palpar, por ponerlo de alguna forma.

Es cierto que la experiencia sensorial puede darnos cierto conocimiento de la realidad que nos rodea. Después de todo, el método científico es un método empírico que nos ayuda a demostrar o refutar hipótesis sobre el mundo natural. Pero es muy diferente decir que **únicamente** a través de la experiencia podemos obtener un conocimiento válido. Si esto fuera así, ya no podríamos afirmar que algo es bueno o malo, porque no hay manera de demostrar la moralidad en un laboratorio. Lo mismo sucede con el conocimiento histórico (la muerte y resurrección de Cristo, por ejemplo). Si algo como un hecho histórico no puede reproducirse y observarse en la experiencia, ¿significa que no podemos afirmar que tal hecho realmente sucedió? La creación misma no es reproducible como tampoco es Dios.

El empirismo hace que las afirmaciones morales pasen del ámbito de la verdad al ámbito de la mera opinión. Entonces, si los conceptos de bueno o malo son meras opiniones, se concluye que podemos sostener esas opiniones para nosotros mismos si así lo queremos, pero no podemos "imponerlas" a los demás. Es interesante que se considere como una imposición compartir la verdad porque suena a que quisiéramos hacer valer nuestra verdad por la fuerza. Nada más diferente a la persuasión cristiana propuesta por Pablo en el Nuevo Testamento: "Por tanto, conociendo el temor del Señor, persuadimos a los hombres..." (2 Co 5:11).

La idea de que tratar de persuadir a otros de la verdad es imposición de ideas está tan arraigado en nuestra cultura que muchas veces lo aceptamos casi sin pensar. Sin embargo, los profesores se pasan días enteros tratando de persuadir a sus estudiantes de las verdades que enseñan en matemáticas, geografía, biología, historia, etc., y nada de eso es considerado imposición.

Los valores están de un lado, por considerarlos subjetivos, relativos y privados; los hechos o datos están del otro lado, por ser públicos, objetivos y universales. Esta ha sido una división fatal que ha vaciado al alma y la ha dejado sin recursos para enfrentar los vaivenes de la vida contemporánea. Nancy Pearcey usa un gráfico utilizado por Francis Schaeffer para representar lo que acabamos de decir:[34]

VALORES
Subjetivos, relativos, privados

DATOS
Públicos, objetivos, universales

Ante esta idea, debemos decir ¡NO! La verdad es un todo unificado: los valores y los datos pertenecen al mismo universo y no a dos esferas distintas.

La verdad era considerada como un todo unificado hasta el siglo XX. Tanto la religión como la física descansaban en una verdad absoluta. Lo que se decía sobre ambas áreas del conocimiento podía ser cierto o falso, pero nadie decía "será cierto para ti, pero es falso para mí". Por ejemplo, sería absurdo decir, "bueno, tú crees que la velocidad de la luz es $3 \cdot 10^8$ m/s, y eso está bien para ti, pero yo creo que en realidad es $2 \cdot 10^8$ m/s". Igual de absurdo sería escuchar: "Bueno,

---

34. Nancy Pearcey, *Saving Leonardo* (Nashville: B&M Publishing group, 2010), pp. 26-27.

tú crees que Jesús es Dios, y eso está bien para ti, pero yo creo que en realidad Jesús no es Dios". El resumen en cuanto a esa discusión es que Jesús es Dios o no es Dios, así de simple. Las afirmaciones de la religión y la ciencia son igual de objetivas. Quisiera aclarar que lo que entiendo por "objetivas" no es que todo el mundo está de acuerdo con su validez, sino simplemente que son ideas válidas o inválidas en sí mismas, y que no dependen de la opinión de los demás. Es trágico escuchar a personas que se dicen creyentes afirmar cosas como: "Yo creo que el aborto es incorrecto, pero otros pueden tener otra opinión y eso está bien para ellos". No, la verdad es un todo unificado. Si el aborto está mal —y lo está— está mal para todo el mundo.

Si los valores morales no son absolutos, ¿qué nos queda? Solo una tremenda incertidumbre a cada paso que damos. Algunos dicen que el individuo puede determinar por sí mismo lo que es bueno y es malo para él. La realidad es que, si quisiéramos vivir de esta manera, el mundo no tardaría en hundirse en un completo caos. ¿Qué diferencia hay entre la virtud y el vicio? Si la moral se reduce a mera opinión, ¿cómo podría un padre defender a su hija de un violador? Si la moral la dicta la cultura en que vives, ¿deberíamos seguir permitiendo que las culturas árabes abusen de las mujeres y aplasten sus derechos? Si todos deciden que la muerte asistida es la práctica aprobada para los pacientes terminales, ¿permitirías que se lo hagan a tu madre sin consultarte antes? También es muy popular escuchar a muchos decir, "puedes hacer lo que quieras mientras no lastimes a los demás". Pero ¿de dónde surge esa idea? Si no hay Dios y somos fruto del azar, ¿por qué no hacer lo que queramos y nos olvidamos del resto? ¿Quién les da valor a los humanos? ¿Por qué debo respetarlos o considerarlos siquiera? Una vez que nos ponemos a pensar en las consecuencias de un mundo relativista y sin Dios, nos damos cuenta de que es una locura tratar de vivir bajo esas líneas de pensamiento. El problema es que muchos, aun cristianos, no piensan en las consecuencias.

Este es el reto del cristiano en la arena pública. Deberá enfrentarse a un mundo que piensa que las verdades de la Palabra de Dios son meras opiniones o metarrelatos que deben deconstruirse al gusto del lector. Es importante identificar este inmenso obstáculo cuando compartimos el evangelio. Puede ser que las personas nos escuchen con interés porque piensan que nuestra fe es algo que pueden adoptar y adaptar para sí mismos si entienden que les puede funcionar. Por lo tanto, debemos ser muy cuidadosos en hacerles ver que la verdad no está dividida entre objetiva y subjetiva y que las declaraciones del cristianismo son verdades objetivas sobre el mundo real. No se trata de pensar que algo puede ser cierto "para ti" o verdadero porque "me gusta".

LA IGLESIA COMO AGENTE DE INFLUENCIA

Muchos piensan que para ser influencia en esta sociedad sin Dios, pluralista y posmoderna, los cristianos necesitan alcanzar altas posiciones en el gobierno, cambiar las leyes y así ser de influencia desde posiciones de poder. Esta idea es nueva en la historia de la Iglesia. Claro, Dios puede usar a los creyentes fieles en la política, como lo hizo con William Wilberforce con la abolición de la esclavitud en la Inglaterra del siglo XIX. Sin embargo, Dios quiere que *todos* sus hijos sean sal y luz en este mundo insípido y oscuro en todos los lugares en donde se encuentren. Nunca en la Palabra se habla de solo algunos pocos que han alcanzado grandes niveles de influencia o poder.

En su libro *Saving Leonard*, Nancy Pearcey escribe lo siguiente:

> "Un entendimiento distintivo del movimiento de la Reforma fue que la influencia cristiana en la sociedad es primeramente la labor de individuos y organizaciones seculares nutridas y enseñadas por la iglesia, pero

responsables directamente ante Dios. Este fue el significado del principio de la frase *[Coram Deo]*. La iglesia es un terreno de entrenamiento para equipar individuos con una cosmovisión bíblica para enviarlos al frente de batalla para pensar y actuar creativamente en la verdad bíblica".[35]

Como vimos en el capítulo anterior, la Reforma impulsó a los creyentes a ser de influencia en donde sea que se encontraran, para la gloria de Dios y el bien de los demás. La iglesia nutría a sus miembros con una sólida cosmovisión cristiana, y esos miembros iban a sus comunidades y trabajaban con una sólida mente bíblica que contribuía a transformar el entorno en el que se desempeñaban. Unos eran profesores, políticos, zapateros, comerciantes y otros criaban niños. Cada una de esas ocupaciones tenía su propio lugar de influencia, en donde los creyentes podían ser sal y luz al vivir conforme a la Palabra.

Lamentablemente, esto no está ocurriendo hoy en día y tengo al menos tres razones para afirmar aquello:

En primer lugar, la iglesia no está haciendo un buen trabajo en formar a sus miembros con una cosmovisión bíblica.

En segundo lugar, pocos pastores están ayudando a sus miembros a comprender su responsabilidad como sal y luz en los lugares en donde se desenvuelven.

En tercer lugar, los cristianos nos hemos encerrado en nuestro "cuartel" —las cuatro paredes del edificio que llamamos iglesia— y hemos empezado a luchar batallas encerrados allí, en lugar de reconocer que la verdadera guerra está afuera y el enemigo está ganando cada vez más terreno.

---

35. Ibíd, Nancy Pearcey, pp. 44-45.

Les pregunto, ¿cómo esperamos tener un impacto en la sociedad si ni siquiera salimos a involucrarnos en ella? Y no me estoy refiriendo solo a salir a evangelizar a una plaza o durante nuestros refrigerios en el trabajo. El mensaje del evangelio no es lo único que se está buscando transmitir a toda lengua, pueblo y nación. Como escribe el pastor Timothy Keller: "es el conjunto de cultura/valores de las ciudades de clase mundial lo que está siendo transmitido alrededor del globo a cada lengua, tribu, pueblo y nación". Las ideas seculares de las que hablamos anteriormente (ateísmo práctico, pluralismo, posmodernismo, etc.) se están transmitiendo cada vez más rápido de las grandes metrópolis al resto del mundo a través de los medios de comunicación, el Internet y las Redes sociales. Pearcey comenta al respecto que,

> "El estilo de vida cosmopolita se expande a las ciudades pequeñas y áreas rurales a través de la televisión, los anuncios, la música, las películas y las modas. Por tanto, hoy en día, los adolescentes en pueblos pequeños tienen más en común con adolescentes en grandes ciudades que con sus padres, pastores y profesores".[36]

Nuestra barrera con las nuevas generaciones no es de lenguaje, sino de cosmovisiones compuestas de ideas contrarias a la verdad. Recordemos que las ideas tienen consecuencias, pero esas consecuencias no suelen ser inmediatas. Como hemos dicho, muchas décadas antes de que alcancen al ciudadano común, los nuevos pensamientos se formulan en los centros académicos. Poco a poco, estos razonamientos pasan a las artes y se empiezan a transmitir a través de la música, la pintura, el teatro y la literatura. Finalmente, las ideas alcanzan al público en general. Los valores que empezaron en charlas y ensayos académicos terminan abrazados por la

---

36. Ibíd, pp. 9-10.

sociedad, muchas veces sin que las personas se den cuenta de dónde vinieron estas maneras de pensar. Las palabras del humanista John Dunphy son muy pertinentes:

"Estoy convencido de que la batalla por el futuro de la humanidad debe ser librada y ganada por los maestros en las aulas de las escuelas públicas; maestros que correctamente perciben su rol como proselitistas de una nueva fe: una religión de la humanidad... Estos maestros deben personificar la misma dedicación desinteresada de los más feroces predicadores fundamentalistas. Y esto porque ellos serán ministros de otra estirpe, utilizando sus aulas en lugar de un púlpito para transmitir los valores humanistas dentro de cualquier materia que estén enseñando". [37]

Es importante que estemos conscientes de esta guerra de ideologías que forman cosmovisiones contrarias a la Palabra de Dios. La pregunta es: ¿Cómo responderemos ante ellas?

Nuestro llamado es claro: debemos levantar la bandera del evangelio en los lugares donde Dios nos ha puesto como sal y luz e influencia. Como escribió el apóstol Pablo:

"Las armas con que luchamos no son del mundo, sino que tienen el poder divino para derribar fortalezas. Destruimos argumentos y toda altivez que se levanta contra el conocimiento de Dios, y llevamos cautivo todo pensamiento para que se someta a Cristo" (2 Corintios 10:4-5).

No importa en dónde te encuentres y no se trata de cuál es tu ocupación, cada persona que te rodea tiene una cosmovisión que ha construido con ideas que muchas veces son

---

37. John Dunphy, en "The Humanist Journal", 1983.

contrarias a la Palabra de Dios. Es nuestra responsabilidad hacer resplandecer la luz de la verdad para que el nombre del Señor sea glorificado. Nuestras palabras y nuestros hechos deben mostrar nuestras convicciones más profundas, nuestra transformación en Cristo y nuestra cosmovisión.

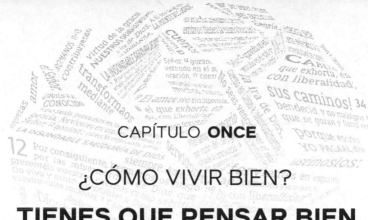

CAPÍTULO ONCE

¿CÓMO VIVIR BIEN?
TIENES QUE PENSAR BIEN

LA MENTIRA: EL GRAN PROBLEMA
DE LA HUMANIDAD

John Stott dijo en una ocasión, "Si quieres vivir bien, tienes que pensar bien". Yo agregaría que, para pensar bien, tienes que estar bien informado bíblicamente, sano en lo emocional y espiritualmente maduro.

El uso de nuestra mente es vital para la vida diaria porque todas nuestras acciones son precedidas por pensamientos que nos llevan a tomar decisiones que a su vez determinan nuestra manera de vivir. Si revisamos la historia bíblica y la historia de la humanidad en general, descubriremos que cada consecuencia negativa que el ser humano ha vivido ha sido el resultado de malas ideas o malos pensamientos:

- Adán y Eva pensaron pecaminosamente y fracasaron (Gn 3).
- Abraham y Sara tuvieron una idea errada y luego vivieron sus consecuencias (Gn 16).

- David pensó de forma errónea cuando decidió hacer un censo (1 Cr 21).
- Pedro tuvo una pésima idea cuando trató de detener a Jesús para que no fuera a Jerusalén y fue reprendido por el Señor (Mt 16:22-24).
- Ananías y Safira mintieron después de haber pensado cómo lucir mejor ante los demás miembros de la iglesia (Hch 5:1-11).

La lista es inmensa y por eso prefiero no seguir citando ejemplos.

Ahora, si llevamos la reflexión un poco más allá, nos percataremos de que el problema con cada una de esas decisiones estuvo en la sustitución de la verdad por la mentira.

- La primera pareja no creyó la palabra dada por Dios.
- Abraham y Sara pensaron que Dios no cumpliría su promesa y sustituyeron la promesa verdadera de Isaac por la idea pecaminosa de Ismael.
- David concluyó que necesitaba conocer con cuántos hombres contaba para la guerra y se olvidó de que contaba con Dios.
- Pedro no tuvo en mente las cosas de Dios, según Cristo afirmó, sino las de los hombres.
- Ananías y Safira pensaron que podían engañar a la iglesia y sus líderes, pero no podían mentirle al Espíritu Santo.

El problema de la humanidad es que opera sobre la base de la mentira desde el jardín del Edén hasta el día de hoy. La mentira es el resultado de una naturaleza caída, un corazón engañoso (Jr 17:9) que termina engañándose y engañando a otros. Ese corazón dañado tiene deseos caídos que distorsionan nuestra manera de pensar. Como consecuencia, la humanidad vive esclavizada a patrones de pensamientos y de conductas, aunque vive creyendo todo el tiempo que es absolutamente libre.

ENTENDIENDO LA LIBERTAD DESDE LA COSMOVISIÓN CRISTIANA

Lo anterior hace que la gente tenga un falso concepto de la libertad. Por eso Cristo dijo: "Así que, si el Hijo los hace libres, ustedes serán realmente libres" (Jn 8:36). La razón por la que Cristo lo expresó de esta manera es porque existe un falso y un verdadero sentido de libertad. La gente la define de la siguiente manera:

"[Se entiende] la libertad como la ausencia de restricción, de obstáculos o de interferencia. Yo soy libre cuando nada me impide hacer lo que yo quiero... la libertad significa romper los límites. No reglas, no límites. Nadie me dice lo que haga. Yo decido por mí mismo".[38]

Todas esas ideas de la libertad son falsas y terminan esclavizando a hombres y mujeres. Esa es la razón por la que Cristo dijo: "y conocerán la verdad, y la verdad los hará libres" (Jn 8:32). Cada prisión en la que tú vives siempre tiene una mentira detrás. Por eso, una vez más, si quieres vivir bien, tienes que pensar bien.

SI QUIERES VIVIR BIEN, TIENES QUE PENSAR BIEN

Siempre es bueno tener presente que la peor verdad siempre será preferible a la mejor mentira. Es posible que decir la verdad te acarree consecuencias que pueden no ser muy agradables, pero no serán tantas, ni tan profundas, ni tan duraderas como cuando mentimos. El problema con la mentira es grave, porque cualquier alejamiento de la verdad representa un alejamiento de Dios con las consecuencias correspondientes.

---

38. Rankin Wilbourne y Brian Gregor, *The Cross Before me*, versión kindle (Colorado Springs: David C. Cook, 2019), p.130.

LA PRECEDENCIA DE LOS PENSAMIENTOS

Antes de nosotros pecar de palabras o de acción, primero pecamos de pensamiento en esa misma área. Toda acción, sea esta pecaminosa o no, va precedida de un pensamiento malvado o de un pensamiento santo. Aquello que logre controlar mi mente ganará la batalla. Esto significa que las batallas son ganadas o perdidas en lo profundo de nuestra mente. Pablo estaba consciente de lo que acabo de decir y por eso al escribir su segunda carta a los Corintios, les advierte:

"Pero temo que, así como la serpiente con su astucia engañó a Eva, las mentes de ustedes sean desviadas de la sencillez y pureza de la devoción a Cristo" (2 Co 11:3).

Pablo hace referencia a la manera en que Eva fue engañada a través de una conversación que logró desviar la atención de su mente. Pablo se preocupó de que la serpiente lograra hacer algo similar en los corintios, desviar su atención de la pura y sencilla devoción a Cristo. Si nuestra mente se entretiene con pensamientos pecaminosos, corremos el gran peligro de obrar contrario a la voluntad de Dios.

La "vida de la mente" es central a la realidad humana. El autor de Proverbios lo dijo de esta forma: "pues como piensa dentro de sí, así es" (Pr 23:7). Nuestras vidas son tan santas o tan pecaminosas como lo son nuestros pensamientos. Usando sus preciosas metáforas para ilustrar una verdad, Jesús nos dice, "no es lo que entra en la boca lo que le contamina al hombre, sino lo que sale de la boca, eso es lo que contamina al hombre" (Mt 15:11). Esta es la lista de las cosas que contaminan al ser humano en este pasaje de los evangelios:

"Porque del corazón provienen **malos pensamientos**, homicidios, adulterios, fornicaciones, robos, falsos testimonios y calumnias. Estas cosas son las que contaminan al hombre..." (Mt 15:19-20, énfasis añadido).

Por eso el adúltero no es solamente aquel que comete el acto de adulterio, sino también todo el que ha codiciado a otra mujer que no sea su esposa. Nosotros pensamos el pecado primero y luego lo hacemos realidad. Podría decirse que le damos forma en el "laboratorio" de la mente y luego, presentada la ocasión, lo vivimos. La mente es el lugar donde la batalla se gana o se pierde.

EL PAPEL DE LA MENTE EN LA VIDA CRISTIANA

La mente juega un rol vital en la vida cristiana. Esto se observa claramente cuando nos damos cuenta de que el más grande mandamiento de la ley de Dios nos ordena: "...amarás al Señor tu Dios con todo tu corazón, y con toda tu alma, y **con toda tu mente**, y con toda tu fuerza" (Mc 12:30, énfasis añadido). La mente se nutre con la verdad de Dios o es "intoxicada" con la mentira del mundo caído. La verdad de la Palabra nos lleva a honrar y glorificar a Dios en verdadera libertad. La mentira que compramos da origen al ídolo esclavizante que luego adoramos.

Entender esto es tan importante que Pablo lo explica para darnos a entender el origen de toda idolatría, "Porque ellos cambiaron la verdad de Dios por la mentira, y adoraron y sirvieron a la criatura en lugar del Creador, quien es bendito por los siglos. Amén" (Ro 1:25). Pablo explica la idolatría en términos de la corrupción de la verdad. Eso hicieron Adán y Eva en el jardín del Edén al cambiar la verdad que Dios había revelado de que si comían de la fruta morirían, por la mentira de que si comían de la fruta serían como Dios. Los seres humanos siempre están dispuestos a creer una mentira cuando esta les promete algo que desean, aun si eso fuera prohibido.

El salmista declara, «Todo hombre es mentiroso» (Sal 116:11). La razón es que toma la verdad y la vuelve mentira porque,

- la exagera
- la minimiza
- la esconde
- la tergiversa
- la tuerce
- la cita fuera de contexto
- entreteje la verdad con la mentira para adornar la mentira.

Cuando lo hacemos, estamos confirmando el veredicto de la Palabra cuando afirma: "amas el mal más que el bien, la mentira más que decir lo que es justo" (Sal 52:3). Es esa mentira la que no deja que el hombre piense bien y viva bien.

LA IMPORTANCIA DE DISCERNIR LA VERDAD DE LA MENTIRA

El énfasis en este capítulo es enfatizar la necesidad de discernir la verdad de la mentira para pensar bien y, por tanto, vivir bien. Dios ideó su mensaje para que sea entendido de manera primaria a través de la mente, tal como vemos en los siguientes pasajes:

- "¡Cuánto amo tu ley! Todo el día es ella mi meditación" (Sal 119:97). La meditación es un proceso de la mente.
- "Y no se adapten a este mundo, sino transfórmense mediante **la renovación de su mente,** para que verifiquen cuál es la voluntad de Dios: lo que es bueno y aceptable y perfecto" (Ro 12:2, énfasis añadido). El título de este libro fue inspirado en este pasaje.

- "y que sean renovados en el espíritu de su mente" (Ef 4:23). Aquí vemos una vez más la idea bíblica de la renovación de la mente.

Satanás es astuto y sabe vendernos sus mentiras para distorsionar nuestra mente, sabe cómo distraernos haciendo uso de nuestros sentidos:

- Cuando Eva vio que el árbol era bueno para comer (Gn 3:6).
- Cuando Acán vio entre el botín un hermoso manto (Jo 7:21).
- Cuando David "vio a una mujer que se estaba bañando... de aspecto muy hermoso" (2 S 11:2).

El pecado que mora en nosotros tiene la capacidad de entretener o adormecer nuestra consciencia una vez que nuestros ojos han sido fijados en el objeto de atención y de atracción. Por eso, el método número uno de seducción del enemigo hoy en día es a través de los medios audiovisuales. A través de nuestros ojos, las imágenes pueden llegar tan rápidamente a nuestros cerebros sin que hayan sido previamente decodificadas, sobretodo si nuestras conciencias han sido adormecidas.

¿EN QUÉ DEBEMOS OCUPAR NUESTRAS MENTES? (FILIPENSES 4:8-9)

Pablo era conocedor de esa realidad y por eso llama a los filipenses y, por ende, a nosotros, a meditar o pensar en una serie de cosas que nos protegerán de la caída, porque nos llevarán a pensar de una manera que sea conforme a la mente de Cristo:

"Por lo demás, hermanos, todo lo que es verdadero, todo lo digno, todo lo justo, todo lo puro, todo lo amable, todo lo honorable, si hay alguna virtud o algo que merece elogio, en esto mediten" (Fil 4:8).

Las palabras iniciales, "por lo demás", nos permiten entender que Pablo ha comenzado a concluir su carta, pero antes de cerrar quiere comunicar algo sumamente importante para ellos. Lo que quiere pasar a otros es la estrategia para la batalla espiritual de la que tanto se ha hablado. Sin embargo, al momento de hablar de las estrategias se ha olvidado un punto sumamente importante. Ninguna batalla espiritual se ha ganado o perdido sin la participación de la mente.

Pensando en todo lo verdadero

Pablo nos exhorta a meditar en todo lo que es **verdadero**. La verdad es aquello que corresponde a la realidad y por eso es congruente con lo que Dios ha revelado. Lo que Dios revela es la realidad del mundo y de la vida. La Palabra de Dios nos permite ver la vida desde el ángulo correcto y nos permite reaccionar de acuerdo con la mente de Cristo. Todo pensamiento, toda palabra y toda acción que no corresponda al estándar de la Palabra, es pecaminoso y debería llevarse cautivo a los pies de Cristo (2 Co 10:5).

Si nuestras mentes no están saturadas por la Palabra de Dios, estarán saturadas por las mentiras del mundo y las inclinaciones pecaminosas de nuestra carne. Paul Tripp solía decir que la persona con la que nosotros más conversamos somos nosotros mismos, y la mayoría de lo que nos decimos no corresponde a la verdad. Esto a causa del pecado que mora en nosotros y a Satanás que nos hacen ver la realidad distorsionada. Si una gran parte de lo que pensamos no corresponde a la realidad, ¿a qué corresponde entonces? Podríamos hacer una pequeña lista no exhaustiva de correspondencias con la que, es muy seguro, muchos nos identificaremos.

Si no corresponde a la realidad, corresponde a:

- Los patrones y enseñanzas del mundo.
- El pecado que mora en nosotros y que se manifiesta en conclusiones a las que arribamos, fruto de nuestra especulación.
- Pensamientos de orgullo que nos hacen creer mejores a los demás; pero que no son ciertos.
- Pensamientos de autojustificación que tuercen la verdad para que se adapte a mi realidad.
- Pensamientos de celos, fruto de temor a perder lo que tengo.
- Pensamientos de envidia, debido a que quiero lo que otro tiene.
- Pensamientos de ira, fruto de resentimientos.
- Pensamientos de auto compasión como resultado de verme como víctima.
- Pensamientos de temores como resultado de nuestra incredulidad.

¿Por qué creemos tanto en nuestras propias conversaciones? Porque lo que nos hablamos a nosotros mismos, casi siempre es aquello que nos hace sentir bien y que nos da la razón. Sería una mejor práctica el que nos "prediquemos" a nosotros mismos, que nos hablemos las verdades que la Palabra revela para la corrección de nuestros patrones de pensamiento. Dios nos habla objetivamente a través de su Palabra y no por medio de mis sentimientos y emociones cambiantes.

El no consumir su Palabra me deja a expensas de mi propia sabiduría y opinión (Pr 3:7). En muchas oportunidades buscamos conocer la Palabra, pero no para aplicarla a nuestras vidas, sino para aplicársela a otros, como hizo David ante la confrontación de Natán (2 S 12), y eso nos lleva al mismo autoengaño.

Todas estas cosas nos llevan a pensar y a tomar decisiones erradas que nos hacen sentir mejor porque se aparean con las intenciones de nuestro corazón; pero luego, cuando la realidad llega y vemos que no se corresponde con nuestros pensamientos, entonces descubrimos una vez más que mordimos una fruta que nunca debimos desear.

Pensar bíblicamente es esencial para vivir en santidad. Si el creyente pasa su tiempo meditando en lo trivial, temporal, mundano y ordinario, esa será la clase de vida que terminará viviendo. ¿Cuánto de tu tiempo pasas pensando en las cosas de aquí abajo versus el tiempo que dedicas a pensar en las cosas que tienen valor eterno? Hago la pregunta porque de eso dependerá la clase de vida que vivirás. Mucho de lo que pensamos es influenciado por aquellas cosas con las cuales alimentamos nuestra mente. Alguien dijo que las cosas con las que alimentamos nuestras mentes tienen que ser observadas tan cuidadosamente como aquellas con las que alimentamos nuestros cuerpos. Esa es una gran verdad. Hay un refrán popular en inglés que dice, *"garbage in... garbage out"* (basura hacia adentro, basura hacia fuera). La necesidad de realinear todo lo que pensamos con la verdad de Dios es expresada de esta manera por el apóstol Pablo,

> "porque las armas de nuestra contienda no son carnales, sino poderosas en Dios para la destrucción de fortalezas; destruyendo especulaciones y todo razonamiento altivo que se levanta contra el conocimiento de Dios, y poniendo todo pensamiento en cautiverio a la obediencia de Cristo" (2 Co 10:4-5).

Las especulaciones de la mente humana, los razonamientos altivos, orgullosos, arrogantes, tienen que ser sometidos a la obediencia de Cristo. Pablo conoce que aun aquellos que somos redimidos somos capaces de pensamientos malvados como la misma Palabra lo atestigua, y nos llama a no someter nuestra voluntad a esos pensamientos rebeldes de la mente humana. Con la ayuda de su Espíritu podemos obedecer ya no a los impulsos de la carne, sino a los mandamientos de

Dios. Nosotros tenemos impulsos pecaminosos y pensamientos santos, y la manera como respondemos depende mucho de la verdad o la mentira con la que hayamos alimentado nuestra mente.

Pensando en todo lo digno

Pensar en todo lo **digno** (*semnos*, en el griego original). De acuerdo con William Barclay, esta palabra es difícil de traducir, pero en el lenguaje original fue usada para referirse a los dioses y a sus templos. Es posible que se use esta palabra para referirse a aquellas cosas que son santas, y dignas de respeto y admiración. ¿Cuánto de lo que pensamos es santo y digno de ser repetido en la presencia de Cristo? El gran problema humano es que muchas veces llamamos santo a aquello que la Palabra llama pecado, o llamamos verdad a lo que la Palabra llama distorsión o especulación. Lo que más dificulta el poder discernir la verdad del error es nuestra incapacidad para ver lo que es el pecado.

La madre de los hermanos Wesley plasmó la mejor definición práctica que yo he leído sobre el pecado:

> "Pecado es cualquier cosa que debilite tu razonamiento, altere la sensibilidad de tu conciencia, oscurezca tu apreciación de Dios, o te quite la pasión por las cosas espirituales. En pocas palabras, cualquier cosa que aumente el poder o la autoridad de la carne sobre tu espíritu... eso para ti, se convierte en pecado, independientemente de cuán bueno sea en sí mismo".[39]

Nada que aumente el poder de la carne sobre tu espíritu puede ser considerado como digno, que es una de las virtudes a las que Pablo nos está llamando a meditar.

---

39. Susanna Wesley (Carta, junio 8, 1725).

Pensando en todo lo que es justo

Piensen en todo lo **justo** (*dikaios*). Esta palabra hace alusión a todo lo que se conforma al carácter perfecto de nuestro Dios. La mayoría de las cosas en las que pensamos no son justas porque, para comenzar, usualmente torcemos la realidad en dirección nuestra. Si fuéramos a usar una balanza para medir nuestra opinión contra la del otro, nuestra tendencia sería seguir colocando de nuestro lado nuestras opiniones y veredictos hasta lograr que la balanza se incline a nuestro favor. Es muy raro, si es que alguna vez suceda, que nosotros pongamos algo del otro lado de la balanza. Por eso el llamado no es a pensar en lo que yo considero justo, sino en lo que Dios considera justo.

Pensando en todo lo que es puro

Puro hace alusión a todo lo que está libre de corrupción, aunque la realidad es que ninguno de nosotros está libre de contaminación. Solo Dios y su revelación están libres de mancha. De manera que, una vez más, Pablo está llamando mi atención a girar hacia aquello que tiene que ver con Dios. Sin embargo, nosotros tenemos un llamado a permanecer libres de la contaminación de las cosas de este mundo. Pablo llama a Timoteo a conservarse puro (1 Ti 5:22, RVR 1960) o libre de pecado (NBLA).

La Palabra nos manda a amar a nuestro Dios con toda nuestra mente porque nuestra mente dirige nuestra vida. Mi mente filtra todo lo que entra a mi vida y filtra todo lo que sale de mí. Si tengo la mente sucia, entonces mi estilo de vida será pecaminoso. Si tengo una mente limpia, entonces mi vida será santa. Una mente orgullosa dará como resultado un estilo de vida rebelde. Recuerda, nosotros pensamos todo lo que vivimos.

Pensando todo lo que es amable

Amable es otra palabra que es difícil de traducir porque solo aparece aquí en el Nuevo Testamento. Tiene que ver con aquello que es placentero en el buen sentido, que es gentil, paciente y agradable, como lo es la mansedumbre. Es lo contrario a áspero, cruel, descortés o irrespetuoso.

Pensando todo lo que es honorable

Honorable es la siguiente cualidad que tiene que ver con todo aquello de buena reputación o de buen testimonio.

Pensando todo lo que tiene virtud o merece elogio

"...Si hay alguna **virtud** o algo que merece **elogio**, en esto mediten". La palabra traducida como "virtud" tiene que ver con aquellas cosas que son de excelencia moral y por eso merecen ser elogiadas. En realidad, todas las cualidades anteriores pueden ser resumidas en estas dos últimas: aquello que es excelente y aquello que merece elogio.

LA IMPORTANCIA DE LA MEDITACIÓN

¡En esto mediten! Esta expresión aparece en el presente imperativo, por lo que se considera como un mandato. Se trata de una obligación no solo para un momento, sino también para toda una vida. Mi estilo de vida debe estar caracterizado por pensamientos de la misma naturaleza expuesta por el apóstol Pablo.

El llamado y la orden de Dios es a la meditación. Esto significa que debemos rumiar las verdades del evangelio. No se trata solamente de memorizar una verdad, o simplemente repetirla. Es más que la simple memorización y repetición. El Señor nos ordena que la conozcamos bien porque la hemos pensado y meditado con todo el corazón, y porque estamos dispuestos a aplicarla en la vida. No solo la reflexionaremos de forma subjetiva, sino que también meditaremos hasta el punto de poder llevarla a la realidad y ver cómo luce mi vida a través de ese principio, de qué manera yo he guardado esa verdad y de qué forma yo he violado la verdad. Es hacer el ejercicio espiritual y mental para descubrir cuán lejos estoy de esa verdad que Dios expresa, y cuánto de mi vida se conforma o no a ese patrón de verdad.

Cuando no meditamos en estas cosas hay consecuencias directas para nuestra vida diaria:

- Desarrollamos un espíritu crítico, en vez de ser bendición para otros.
- Alejamos a los demás, en vez de atraerlos.
- Amenazamos la unidad del cuerpo de Cristo.
- Ponemos de manifiesto que el amor de Cristo no está en nosotros.
- Las bendiciones de Dios las convertimos en ingratitud.
- Terminamos llenándonos de todo aquello de lo que deberíamos estar vaciándonos.

Quisiera aclarar que la meditación bíblica no es la misma que la meditación trascendental y las demás corrientes orientales. En las religiones orientales se medita para entrar en un trance que, supuestamente, permite encontrar verdades desconocidas que estarían dentro de ti. Esa es otra de las estrategias de Satanás para engañar a culturas que han creído en esas mentiras desde tiempos inmemorables.

La meditación de acuerdo con la Biblia es un llamado a reflexionar sobre las verdades ya reveladas en la Palabra. En las religiones orientales, la verdad está dentro de nosotros, pero en la Biblia se habla que la verdad está fuera de nosotros, está en Dios, en su revelación. La meditación bíblica es practicada para alimentar el alma con la verdad de Dios y disfrutar de su voluntad ya revelada.

DE LA MEDITACIÓN A LA PRÁCTICA

Después de que Pablo entrega su lista de virtudes en las cuales deberíamos pensar, continúa y nos dice: "Lo que también han aprendido y recibido y oído y visto en mí, esto practiquen, y el Dios de paz estará con ustedes" (Fil 4:9). En pocas palabras, todo lo que Pablo acaba de describir como virtudes en las que nosotros debiéramos meditar, son las mismas cosas que habían recibido, visto y oído de Pablo. Me sorprende con cuánta libertad de conciencia Pablo se atreve a decir que practiquen lo que han oído y visto de él. En sus cartas hay un llamado continuo a vivir un estilo de vida en el Señor que es posible alcanzar de este lado de la gloria. Por el contrario, hoy parece existir un énfasis pesimista que afirma que nadie puede vivir de esa forma porque el estándar es muy alto e inalcanzable.

Hermanos, cuando tomamos este solo versículo de Filipenses 4:8 y lo aplicamos a nuestras vidas, nos damos cuenta de cuán frecuentemente estamos pensando en cosas pecaminosas y nos percatamos de cómo nuestras vidas han sido seducidas por las mentiras de la serpiente antigua. El mundo ha manufacturado sus propias mentiras y lamentablemente esas ideas falsas nos invaden y las compramos, y luego nos repetimos esas mismas mentiras a nosotros mismos y, con frecuencia, se las vendemos a otros. El resultado final en la práctica nunca será el que nos vendieron las mentiras, sino el caos, la destrucción y el sufrimiento.

ALGUNOS CONSEJOS FINALES PARA CULTIVAR UNA MENTE CRISTIANA

Para cultivar una mente cristiana necesito recordar algunos principios fundamentales:

1. **Pasa tiempo en la Palabra.** Aquello en lo que empleas el tiempo para aprender o exponer tu mente afectará la manera en que piensas y te comportas. Si paso poco tiempo expuesto a la verdad de su Palabra, ya sea vía la Biblia o literatura cristiana, y mucho tiempo en conversaciones triviales, viendo televisión

o leyendo periódicos, esa exposición a ideas distorsionadas y no contrarrestadas por la Palabra va a impactar significativamente mi estilo de vida.

2. **Procura escuchar la verdad,** aunque no la quieras oír, porque es esa verdad la que te hará libre.

3. **Sé honesto contigo mismo.** Nuestro mayor problema es que nos engañamos a nosotros mismos.

4. **Procura la opinión de Dios sobre todas tus decisiones.** No tomes decisiones antes de saber qué Dios dice en su Palabra relacionado a esa decisión. Vivir en congruencia con la revelación de Dios es traer paz a tu corazón y a quienes te rodean.

5. **Escudriña las Escrituras para llegar a ser como Cristo.** No leas la Palabra para cumplir con un devocional, para enseñar a otros o para mostrar que sabes de teología. Estudia la Palabra para ser cambiado a la imagen de Dios.

6. **Evalúa cada cosa a la luz de la eternidad.** Pregúntate hasta dónde esta demanda tiene algún valor a la luz de la eternidad. Muchas de nuestras demandas no tienen sentido si consideramos lo que realmente valen al tener a la vista el mundo venidero.

7. **Antes de tomar cualquier decisión, pregúntate de qué manera traerá gloria a nuestro Dios.** Ninguna decisión que tenga que tomar tiene que ver conmigo primariamente, sino con su gloria y sus propósitos. Vive bajo su autoridad para su honor y su gloria.

8. **Renuncia** al poder, la fama, el placer por placer, la popularidad, los títulos, la aprobación humana, las

posiciones, ganar un argumento por ser el mejor, ganar dinero por la mera ambición. Dios nos puede dar alguna de esas cosas, pero ninguna de ellas puede ser mi búsqueda final.

9. **Cultiva** el mandamiento más grande de la ley de Dios: "Amarás al Señor tu Dios con todo tu corazón, y con toda tu alma, y con toda tu mente" (Mt 22:37).

10. Como resultado de lo anterior, **busca** maneras de amar a tu prójimo como a ti mismo (Mt 22:39).

CAPÍTULO DOCE

¿CÓMO LOGRAR EL CAMBIO NECESARIO?

RENOVANDO NUESTRA MENTE CON NUEVAS PREMISAS

Muchos son los que quieren cambiar su forma de vivir, pero pocos realmente lo logran. La pregunta lógica sería ¿por qué? ¿Cuál es la razón por la que aun deseando cambiar no somos capaces de lograrlo? Se puede responder esta pregunta desde varios ángulos distintos. La primera respuesta se consideró en el capítulo anterior al afirmar que para vivir bien, tengo que pensar bien. Con esto no negamos que el agente de cambio del cristiano sea el Espíritu Santo que mora en él (2 Cor 3:18). Pero la realidad es que Dios lleva a cabo dicho cambio a través de la transformación de nuestra mente (Ro 12:2). Dicho de otra manera, necesito aprender a pensar diferente para poder cambiar, porque como pienso, así vivo (Pr 23:7).

Los pasajes que veremos a continuación ya los hemos revisado anteriormente. Pero al llegar al final de este libro, es necesario recordar algunas de las verdades examinadas antes de desarrollar el capítulo que pudiera terminar por redirigir tu vida de una vez y para siempre en la dirección correcta. Cambiar no es suficiente, lo que necesitamos es cambiar de una manera que honre a Dios. Como bien dice Tim Chester,

"Mucha gente ha cambiado su conducta, pero sus motivaciones y deseos todavía están errados; de manera que Dios no se siente más complacido con la nueva conducta que con la anterior".[40]

Imaginemos por un momento que alguien logre cambiar su conducta como menciona la cita anterior. Si luego del cambio Dios no está más complacido con la nueva forma de vida, entonces, el cambio no valió la pena. Esa sola afirmación nos deja ver que a la hora de cambiar necesito "cambiar bien".

Una gran mayoría de personas se propone cambiar algún aspecto de su vida al principio de cada año, pero luego este transcurre sin que poco o nada ocurra realmente en el carácter o estilo de vida de la persona que se propuso cambiar. Esto es lamentable y produce una gran desazón. Es por ese motivo que dedicaremos el resto de este capítulo para analizar aquello que necesitamos conocer y que es muy probable que ignoremos o conozcamos muy superficialmente. Esto nos ayudará a entender qué es lo que necesitamos cambiar para que nuestro cambio sea real, permanente y conforme a la voluntad de Dios.

LO QUE NECESITAMOS CONOCER

Veamos algunas de las razones por las que la gente decide que necesita cambiar:

- Para sentir**me** mejor.
- Para que Dios **me** bendiga más.
- Para mejorar **mis** relaciones.
- Para mejorar **mi** situación económica.
- Para sentir**me** aprobado.
- Para que **mi** matrimonio cambie.

---

40. Tim Chester; *You Can Change*, (Wheaton: Crossway, 2010), p. 28.

Es evidente que estas razones para el cambio son mayoritariamente egocéntricas y con frecuencia pecaminosas. Para lograr un cambio que sea consistente con la santificación que Dios desea y espera de nosotros, necesitamos conocer primero el origen de nuestros problemas. La mayoría de las personas desconocen las razones que los han llevado a vivir de la manera que viven y cuál es el origen de sus insatisfacciones y decepciones. El cambio que el cristiano necesita realizar no está en las ramas de un árbol, como para que estire la mano y pueda tomar su fruto, sino enterrada profundamente en su raíz, y por eso necesitamos conocer qué es lo que origina nuestros problemas.

RENUEVA TU MENTE AL ENTENDER EL ORIGEN DE TUS PROBLEMAS

Podemos entender el origen de nuestros problemas en tres aspectos básicos:

1) Nuestra separación de Dios.
2) La orientación de nuestras vidas.
3) Nuestra percepción errada de la vida.

Antes de la caída, Adán y Eva vivieron en la presencia de Dios con todas sus necesidades satisfechas y en perfecta armonía con su Creador. Ellos fueron separados de Dios tan pronto como pecaron, y dicha separación creó en ellos nuevas necesidades que sus descendientes han tratado de llenar infructuosamente debido a su forma caída de pensar. Gary Smalley presenta una lista de necesidades surgidas en el ser humano inmediatamente después de su separación de Dios.[41] Si Dios era la fuente de su satisfacción, separarse de Él fue el origen de su insatisfacción, inseguridad, temor y otras

---

41. Gary Smalley, *The DNA of relationships*, (Colorado Springs: Alive Communications, Inc., 2004).

emociones y carencias que no existían antes de la caída. Tomemos cada una de estas tres ideas por separado.

Nuestra separación de Dios

Si vamos a cambiar nuestra forma de pensar para cambiar nuestra forma de vivir, tendremos que acercarnos a Dios. Porque estar lejos de Él hace que veamos de forma distorsionada toda la realidad. El ser humano fuera del Jardín del Edén experimentó y sigue experimentando una serie de necesidades que luego busca llenar de todas las formas y en todos los lugares posibles, menos en Dios. Por tanto, para él o ella, siempre hay alguien o algo que es el culpable de su insatisfacción, pero nunca nada dentro de ellos mismos.

Si estoy separado de Dios, entonces necesito sentirme,

- Seguro.
- Aceptado/Aprobado.
- Conectado/ Acompañado.
- Entendido.
- Amado.
- Respetado.

- Honrado.
- Atendido.
- Necesitado.
- Valorado.
- Apoyado.[42]

Para cambiar todas estas emociones, sentimientos y carencias que nos llevan a pecar en nuestra búsqueda por satisfacerlas, necesito acercarme a Dios. Adán y Eva, al separarse de Dios, conocieron el origen de sus problemas porque nunca antes los habían experimentado. Pero nosotros, sus descendientes, desconociendo que la separación de Dios es la razón número uno de nuestras disfunciones, procuramos encontrar en nuestros logros, reconocimientos y relaciones lo que solo Dios puede proveer. Por lo tanto, necesitamos cambiar radicalmente nuestra manera de pensar. Tenemos que renovar

---

42. Gary Smalley; *The DNA of Relationships* (Colorado Springs: Alive Communications, Inc., 2004), p. 48.

nuestra mente en nuestro entendimiento de esta área funda-mental. Mientras tratemos de beber, como lo dice el profeta, de cisternas agrietadas que no retienen agua (Jr 2:13), jamás seremos capaces de sentirnos en paz, porque solo en el Señor encontramos la verdadera paz que nuestra alma necesita:

- En paz con Dios… seguro en Él.
- En paz con los demás… sin celos ni envidias.
- En paz conmigo mismo… con las circunstancias que vivo.
- En paz con mis logros… sin sentirme orgulloso.
- En paz con los sueños no alcanzados… sin sentirme un fracasado.
- En paz cuando otros no me aceptan… sin sentirme rechazado.
- En paz cuando otros no desean mi compañía… sin sen-tirme desvalorado.

Como podemos ver, todos estos sentimientos negativos que experimentamos no son causados por otros; son expe-rimentados por nuestra separación de Dios. Al ser capaz de mostrarnos sus más profundas convicciones, el apóstol Pablo es la mejor evidencia de lo que estamos diciendo:

"Afligidos en todo, pero no agobiados; perplejos, pero no desesperados; perseguidos, pero no abandonados; derribados, pero no destruidos. Llevamos siempre en el cuerpo por todas partes la muerte de Jesús, para que también la vida de Jesús se manifieste en nuestro cuer-po" (2 Co 4:8-10).

Solo su conexión real y profunda con Dios le permitió sentir y vivir de esta manera en medio de sus peores circunstancias.

La orientación de nuestras vidas

La renovación de la mente requiere de una reorientación de toda la vida. La Palabra de Dios nos recuerda que nosotros somos ciudadanos de otro mundo, porque nuestra ciudadanía está en los cielos (Fil 3:20; 1 P 2:12). Si eso es cierto, entonces no podemos vivir la nueva vida en Cristo con una mentalidad terrenal y temporal, como si esta fuera nuestra morada permanente y última. Nosotros debemos estar muy conscientes de que tenemos instrucciones sumamente claras de parte de Dios sobre cómo orientar nuestras vidas:

> "Si ustedes, pues, han resucitado con Cristo, busquen las cosas de arriba, donde está Cristo sentado a la diestra de Dios. pongan la mira en las cosas de arriba, no en las de la tierra" (Col 3:1-2).

Si estamos renovando nuestra mente de una manera bíblica, entonces tenemos la obligación de reorientar nuestras vidas, y la única forma de conseguirlo es poniendo la mira en las cosas de arriba. Dicho de otra forma, debemos vivir esta vida, pero a la luz de la eternidad. Una gran cantidad de nuestras frustraciones en este mundo se debe a que le damos demasiada importancia a cosas completamente secundarias y temporales, mientras que las cosas del reino venidero nos atraen poco y no las valoramos lo suficiente. Con los valores de este mundo, es imposible vivir de forma satisfactoria la vida eterna que nos entregaron el día que nacimos de nuevo. Por ejemplo, las tareas diarias y las cosas materiales que logramos ocupan gran parte de nuestra mente. Sin embargo, cuando Cristo nos ayudó a entender la vida y cómo vivirla, su enfoque fue completamente distinto. Esta es la manera como Él nos instruyó:

> "Y Él le contestó: «Amarás al Señor tu Dios con todo tu corazón, y con toda tu alma, y con toda tu mente. Este es el grande y primer mandamiento. Y el segundo es semejante a este: Amarás a tu prójimo como a ti mismo. De estos dos mandamientos dependen toda la ley y los profetas»" (Mt 22:37-40).

Renovamos nuestra mente cuando entendemos que Cristo no definió la vida en términos de tareas, sino de personas:

- Amas a Dios (orientación vertical).
- Amas a tu prójimo (orientación horizontal).

La habilidad de hacer lo segundo depende de la calidad de la primera prioridad. Jesús enseñó que de esos dos mandamientos dependen toda la ley y los profetas. Es como si el maestro hubiese resumido la Biblia entera en dos mandatos y que luego hubiese dicho: el resto de la Biblia es un "pie de página" a estos mandatos. Cristo trató de simplificarnos la vida al darnos estos dos mandamientos.

Nuestra percepción errada de la vida

La mayoría de las personas tienen una percepción errada de la vida debido a que no tienen una mente bíblica formada por una cosmovisión bíblica. Por esa razón empleamos varios capítulos en detallar los principios fundamentales de una cosmovisión bíblica. Cómo percibimos la vida es crucial para pensar correctamente y, en consecuencia, vivir apropiadamente. Decía el filósofo Epictetus (5-135 d.C): "El hombre no es perturbado por los eventos [de la vida], sino por la manera como él las ve". Veamos, entonces, cómo este hombre cristiano, Pablo, percibió los eventos de su vida:

"En muchos más trabajos, en muchas más cárceles, en azotes un sinnúmero de veces, con frecuencia en peligros de muerte. Cinco veces he recibido de los judíos treinta y nueve azotes. Tres veces he sido golpeado con varas, una vez fui apedreado, tres veces naufragué, y he pasado una noche y un día en lo profundo. Con frecuencia en viajes, en peligros de ríos, peligros de salteadores, peligros de mis compatriotas, peligros de los gentiles, peligros en la ciudad, peligros en el desierto, peligros en el mar, peligros entre falsos hermanos; en trabajos y fatigas, en muchas noches de desvelo, en hambre y sed, con frecuencia sin comida, en frío y desnudez. Además de tales cosas externas, está sobre mí la presión cotidiana de la preocupación por todas las iglesias. ¿Quién es débil sin que yo sea débil? ¿A quién se le hace pecar sin que yo no me preocupe intensamente? **Si tengo que gloriarme, me gloriaré en cuanto a mi debilidad**" (2 Co 11: 23b-30, énfasis añadido).

La única manera de atravesar estas circunstancias sumamente difíciles, y concluir que ellas eran motivos de gloria, es si percibimos la vida como Dios la ve: una oportunidad para glorificar a Dios, extender su reino y crecer a su imagen. La vida de los hombres y las mujeres descritas en Hebreos capítulo 11 nos deja ver que la percepción que tengamos de la vida hace una enorme diferencia.

RENUEVA TU MENTE: LA NECESIDAD DEL CAMBIO

En este capítulo hemos analizado cuáles cosas tenemos que cambiar para pensar de forma diferente y vivir a plenitud. Brevemente, quisiera señalar también que el cambio no es una opción, sino una necesidad. El apóstol Pablo lo expresa de la siguiente manera:

"...que en cuanto a la anterior manera de vivir, ustedes se despojen del viejo hombre, que se corrompe según los deseos engañosos, y que sean renovados en el espíritu de su mente, y se vistan del nuevo hombre, el cual, en la semejanza de Dios, ha sido creado en la justicia y santidad de la verdad. Por tanto, dejando a un lado la falsedad, hablen verdad cada cual con su prójimo, porque somos miembros los unos de los otros" (Ef 4:22-25).

El viejo hombre corresponde a la forma caída de pensar y a los deseos de la carne, mientras que el nuevo hombre a los deseos del Espíritu (Gá 5:17) que mora en nosotros y quien pone en nosotros tanto el querer como el hacer (Fil 2:13). Si este cambio no opera en nosotros, será imposible disfrutar de la vida abundante (Jn 10:10) que Cristo compró para nosotros en la cruz.

Anteriormente, hicimos mención de las tres fuentes principales de nuestros problemas: (1) nuestra separación de Dios; (2) la orientación de nuestras vidas y, (3) nuestra percepción errada de la vida. Ahora quisiera que podamos revisar tres conceptos importantes que necesitamos cambiar una vez hemos entendido el origen de nuestros problemas:

1. Mi concepto sobre Dios.
2. Mi entendimiento de quién soy en Cristo.
3. Mi valoración de los demás y mi relación con ellos.

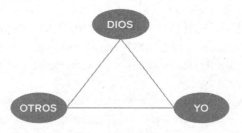

Esta gráfica representa los dos más grandes mandamientos dados por Cristo: Amar a Dios por sobre todas las cosas y amar al prójimo como a mí mismo. Los cambios operados en nosotros tienen que afectar estas relaciones de forma radical.

MI CONCEPTO SOBRE DIOS

Los hijos de Dios han sido recibidos dentro de la familia de Dios (Jn 1:12-13), pero permanecen con una concepción errada de Él porque continúan concibiéndolo primeramente como un juez que procura descargar su ira sobre nosotros, a pesar de que ya lo hizo sobre los hombros de su Hijo en la cruz del calvario. Esta idea sumamente equivocada hace que muchos lleguen hasta el punto de creer que Dios es alguien que sofoca el disfrute de esta vida, cuando Él mismo ha dicho que en su "presencia hay plenitud de gozo; En Tu diestra hay deleites para siempre" (Sal 16:11). Lo único que Dios desea es que entendamos dónde se encuentra el verdadero gozo y el deleite permanente. Una vez más, la Palabra de Dios busca cambiar la orientación de nuestras vidas.

Además, para cambiar bien y, por lo tanto, vivir bien, necesitamos hablarnos las verdades de Dios a nosotros mismos todo el tiempo. Muchas de esas verdades ignoradas con respecto a nuestro Dios, y que necesitan circular en nuestra sangre[43], son las siguientes:

- **Dios es soberano.** Él está en los cielos y hace lo que le place (Sal 115:3). Lo que Él hace es justo; bueno y santo (Ro 12:1). Si pensamos que esto es distinto, necesitamos cambiar nuestra interpretación y no Él su acción.

- **Dios está por nosotros y nunca contra nosotros** (Ro 8:31). Eso es cierto aun cuando Él nos disciplina o impone alguna consecuencia (Heb 12:5-8). Él ama mi alma y por eso está comprometido a formarme a su imagen (Ro 8:29), para que llegue a ser tan parecido a Él en mi condición de criatura como sea posible.

- **Dios está en control de todo cuanto ocurre en su universo** (Lam 3:37-38). Por lo tanto, no importa lo que esté ocurriendo a nuestro alrededor, no tenemos necesidad de temer y mucho menos de experimentar pánico. Dios sostiene todo su universo, no importa si son las

---

43. Spurgeon decía que si la Biblia fuera azul, debiéramos sangrar azul por donde quiera que nos cortaran... que nuestra sangre debiera lucir "biblina".

galaxias con sus billones de astros o las células más pequeñas de nuestros cuerpos.

- **Dios ve todas las acciones de los hombres.** Por lo tanto, no importa si trato de esconder mi pecado a vista de los hombres, el Juez del universo sí me ha visto. La Escritura declara con absoluta claridad que "No hay cosa creada oculta a Su vista, sino que todas las cosas están al descubierto y desnudas ante los ojos de Aquel a quien tenemos que dar cuenta" (Heb 4:13). Aplicar esta verdad nos ayudará a vivir piadosamente.

MI ENTENDIMIENTO DE QUIÉN SOY EN CRISTO

El ser humano y lamentablemente también el cristiano, con frecuencia mide su valor a través de estándares errados que le hacen sentirse derrotado, desanimado y desesperanzado. Es importante que recordemos siempre lo siguiente:

- No soy lo que otros dicen que soy.
- No soy lo que mis logros indican (o me siento orgulloso o fracasado).
- No soy lo que siento ser.
- No soy lo que aparento.

Entonces, ¿qué soy? En primer lugar, soy un ser humano, hecho a la imagen de Dios (Gn 1:26-27). En segundo lugar, si he nacido de nuevo, soy un hijo de Dios (Jn 1:12-13; Ef 2:10). Soy alguien redimido por la sangre de Cristo (1 P 1:18-19); justificado por fe (Ro 5:1); santificado por su Espíritu (2 Co 3:18). Pero soy aún más que todo eso, porque soy parte de un "linaje escogido, real sacerdocio, nación santa, pueblo adquirido para posesión de Dios" (1 P 2:9). Incluso, la Palabra nos dice que reinaremos con Cristo (2 Ti 2:12). No soy lo que yo siento ser, ni lo que otros piensan de mí. **Soy lo que Dios dice**

que soy, y esa debe ser una enorme diferencia a la hora de cambiar bíblicamente y de renovar mi mente, de tal manera que sea afectado por completo mi caminar y aun mi propia expectativa de la vida venidera.

Mientras mayor claridad tenga de mi identidad en Cristo, mientras más seguro me sienta de esa identidad que Él me ha otorgado, mejor será mi relación tanto vertical como horizontal. El peor enemigo lo llevamos dentro. Jesús no lo pudo ilustrar de mejor manera cuando dijo que no hago nada con ver la paja en el ojo del otro si no veo la viga en el mío. Cambiar el concepto de quién soy verdaderamente, es crucial para pensar bien y vivir bien.

MI VALORACIÓN DE LOS DEMÁS Y MI RELACIÓN CON ELLOS

El apóstol Pablo nos dejó ver algo de cómo nosotros debemos cambiar nuestra valoración de los demás al venir a Cristo. Él escribe a los corintios: "De manera que nosotros de ahora en adelante ya no conocemos a nadie según la carne. Aunque hemos conocido a Cristo según la carne, sin embargo, ahora ya no lo conocemos así" (2 Co 5:16). Quizás para Pablo, o para muchos antes de venir a Cristo, los demás eran algo para beneficio personal. Por ejemplo, un cliente era alguien para sacarle provecho; una mujer era vista como alguien con quien tener intimidad o con quien tener hijos. Pero después de venir a Cristo, cada ser humano debe ser visto como mi prójimo, alguien a quien debo amar como a mí mismo. Además, la Palabra nos ordena a considerar al otro como superior a nosotros mismos (Fil 2:3); a amar a nuestros enemigos; a bendecir a los que nos maldicen (Mt 5:44) y a respetar la imagen de Dios en todos (Stg 3:9). Si nuestra relación vertical con Dios no está bien, será muy difícil que nuestra relación horizontal con los demás lo esté.

SI NO RENUEVAS TU MENTE, TE ESCLAVIZARÁN TUS ÍDOLOS

A lo largo del capítulo anterior y lo que avanzamos en este último, hemos visto que cambiar nuestra forma de pensar tiene beneficios y bendiciones significativas. Ahora, quisiera mostrarles de qué manera lo opuesto acarrea consecuencias muy negativas. Dios nos llamó a amarlo por encima de todas las cosas porque sabía que lo que nos lleva a cosechar terribles consecuencias en nuestra vida es la adoración de múltiples ídolos que nos esclavizan. Nuestro Creador también sabe que lo que nos sacará de la esclavitud idolátrica es la adoración, pero del Dios verdadero, aquel que nos puede hacer verdaderamente libres.

La forma de pensar del hombre común y, vuelvo a decirlo con tristeza, de muchos cristianos los lleva a la formación de ídolos esclavizantes que en la superficie parecen traer libertad a hombres y mujeres pero que, en realidad, los terminan esclavizando. Por eso Calvino decía con absoluta propiedad que, "el corazón del hombre es una máquina fabricante de ídolos".[44]

Un ídolo es cualquier cosa o persona que comienza a capturar la atención de nuestra mente, de nuestro corazón, de nuestras emociones y de nuestra imaginación más que Dios mismo.[45] Es aquello a lo que tú recurres cuando estás bajo presión. Podría tratarse del alcohol, la televisión, la computadora, la pornografía, las tiendas, el trabajo o cualquier otra cosa. El ídolo convierte mi deseo en necesidad; por lo tanto, demando que mi deseo sea satisfecho y me convierto en esclavo de aquello que anhela mi alma. Nuestros ídolos ocupan el espacio del corazón que le pertenece solo a Dios. Por eso, Elyze Fitzpatrick dice: "La idolatría es un pecado que tiene su inicio en la mente, en tus pensamientos,

---

44. *The Institute of Christian Religion*, 1.11.
45. Timothy Keller, *Counterfeit Gods* (Nueva York: Penguin Group, 2009), p. xvii 45 [*Dioses falsos* (Miami: Vida, 2011)].

creencias, juicios e imaginación".[46] Agustín de Hipona dijo una vez:

"aún los muertos son superiores a los ídolos porque por lo menos, alguna vez, los muertos tuvieron vida; pero los ídolos nunca la tuvieron ni nunca la tendrán".

Los ídolos hacen que el cristiano termine formando dos tipos incorrectos de teología:[47]

Una confesional	Una teología funcional
• La que profesamos.	• Aquella con la que vivimos.
• Aquella con la que aconsejamos.	• Aquella con la que discutimos en el hogar.
• Aquella con la que cantamos.	• Aquella que sale a relucir en medio de las dificultades.

Esa dicotomía hace que afirmemos algo con los labios, pero luego lo neguemos con nuestras vidas. Las dos teologías mencionadas anteriormente coexisten en la vida de muchos creyentes. Y así es como esas dos teologías erradas surgen:

Nuestra *teología confesional* la construimos alrededor de Cristo y la usamos en todas las actividades, discusiones y debates cristianos. En esas circunstancias demostramos que sabemos qué dice la Biblia.

Nuestra *teología funcional* la construimos alrededor de nuestros ídolos y con esa teología compramos, vendemos, celebramos, nos vamos de vacaciones, participamos de entretenimientos y hacemos uso de las redes sociales.

---

46. Elyse Fitzpatrick, *Idols of the Heart*, (Phillipsburg: P & R Publishing, 2001), p. 110 [*Ídolos del corazón* (Medellín: Poiema Publicaciones, 2013)].
47. Este libro explica cómo estas dos teologías funcionan: Brad Bigney, Gospel Treason (Phillipsburg: P & R Publishing, 2012).

CÓMO IDENTIFICAR NUESTROS ÍDOLOS

Nuestros temores y ansiedades con relación a nuestra seguridad, a nuestras finanzas, a nuestra reputación, a nuestra salud, a nuestros hijos y múltiples otras áreas son los reveladores de nuestros ídolos. Las preguntas que siguen nos pueden ayudar a identificarlos:[48]

- ¿Estoy dispuesto a pecar para conseguirlo?
- ¿Estoy dispuesto a pecar si pienso que lo voy a perder?
- ¿Es esto lo que me da sentido de valor, importancia?
- ¿Me irrito tan pronto alguien me habla negativamente de esta persona o de alguna cosa?
- ¿Es esto lo que necesito para sentirme seguro?
- ¿Estoy dispuesto a sacrificar relaciones para no perderlo o para defenderlo?

Al final del camino, la idolatría es un problema del corazón y nuestros ídolos revelan lo que nosotros verdaderamente anhelamos. Nuestros deseos crean dichos ídolos y esos deseos crecen en nosotros de tal manera que, al final, lucimos internamente como los ídolos que construimos y nos comportamos externamente como ellos.[49] Lo podemos ejemplificar de la siguiente manera:

Si la tecnología es nuestro ídolo; nosotros, entonces,

- la seguimos,
- la leemos,
- la anhelamos,
- la compramos y

- si no la podemos adquirir, sufrimos y nos sentimos inferiores a los demás,
- e incluso estamos dispuestos a pecar para conseguir esa tecnología.

---

48. Adaptado de Brad Bigney, *Gospel Treason* (Phillipsburg: P & R Publishing, 2012), pp. 36-37.
49. Vinoth Ramachandra, *God That Fails* (Downers Grove: InterVarsity Press), pp.115-116.

Lo que no podemos concebir es seguir viviendo sin ella, porque el avance de la tecnología ha pasado a ser una de las cosas que nos da valor e importancia.

Así es como sabemos que la tecnología se ha vuelto un dios para nosotros. Como el ser humano tiende a tomar la forma de su ídolo, la tecnología va cambiando nuestra personalidad. Cualquier persona que no está al día con la tecnología es vista con cierto desprecio porque se considera que él o ella está atrasado o, de hecho, comenzamos a pensar que son inferiores. Dichas personas van volviéndose cada vez más,

- impersonales,
- distantes,
- impulsados por el control y
- emocionalmente poco desarrollados,
- superficiales en sus relaciones,
- sin sentimientos, con personalidades más parecidas a las de una máquina.

Un ídolo muy común en nuestro tiempo es el sexo. Si adoramos el sexo, con el tiempo nuestras personalidades cambian hasta el punto de volvernos,

- hedonistas,
- narcisistas,
- demandantes,
- egoístas,
- insaciables.

Cuando el sexo es nuestro ídolo nos volvemos como él,

- instintivo,
- impulsivo,
- pasional,
- incontrolable,
- insaciable en nuestras aspiraciones.
- Convertimos al otro en objeto de placer y nos irritamos si no nos complace.

De ahí que la imagen pornográfica en la computadora pasa a ser la fuente principal de satisfacción sexual. Porque lo que necesito no es una ayuda idónea en mi intimidad, creada por Dios, regalada por el Creador, sino que ando en búsqueda de un objeto de placer.

El dinero también es otro ídolo muy popular. Cuando el dinero se convierte en nuestro ídolo, nosotros pasamos de controlar el dinero a ser controlados por él. Por lo tanto, el dinero dictamina,

- nuestra importancia;
- nuestras finanzas nos definen como *VIP* o como simples ciudadanos.

- Las personas con dinero nos llaman la atención;
- disfrutamos decir que conocemos o almorzamos con alguien de dinero.

El dinero,

- determina si tomamos o no un trabajo;
- determina si un trabajo es bueno o no;

- si algo es caro, determinamos que es de calidad;
- si disponemos de dinero, entonces sentimos que valemos más.

Si el dinero es nuestro ídolo, nos duele gastarlo para los demás; nos volvemos tacaños si se trata de quienes nos rodean; nos creemos tener derechos que otros no tienen y todos los males que eso trae consigo.

RENUEVA TU MENTE Y CONFIESA TU INCREDULIDAD

Nuestras formas caídas de pensar nos llevan a desarrollar una profunda incredulidad en Dios que se ve compensada por una intensa confianza en los ídolos, es decir, en aquellas cosas o personas que pensamos tienen el poder o la capacidad para resolvernos la vida. Obviamente, el ser humano educado y sofisticado de hoy en día, nunca reconocerá el ídolo por lo que es, sino que tendrá formas de darle colores para que luzcan más "hermosos" o "aceptables". Les mostraré cómo es que tratamos de darle un carácter más aceptable a nuestros ídolos:

- Idolatramos la seguridad y la llamamos "responsabilidad cristiana".
- Idolatramos el dinero y lo llamamos "buena mayordomía".
- Idolatramos la reputación y la llamamos "buen testimonio".

Usar esos títulos nos hace pensar que estamos actuando con corrección y que estamos agradando al Señor. Pero en realidad, en esos momentos, lo que estamos haciendo es vivir conforme a nuestra teología funcional errada de la cual ya hemos hablado. Por eso, el salmista busca establecer una polémica entre el único soberano Dios viviente y los ídolos inertes y sin vida del mundo pagano, ídolos estériles con los que Israel le fue infiel al único y sabio Dios en múltiples ocasiones. Prefirieron ídolos que no tienen ningún poder en lugar del Dios para quien no hay nada imposible. Su incredulidad los llevó a confiar en los ídolos que adoraron. Por eso, tres veces en tres versículos, el autor nos dice en este salmo, confía, confíen, confíen:

> "Oh Israel, **confía** en el Señor; Él es tu ayuda y tu escudo. Oh casa de Aarón, **confíen** en el Señor; Él es su ayuda y su escudo. Los que temen al Señor, **confíen** en el Señor; Él es su ayuda y su escudo" (Sal 115:9-11, énfasis agregado;).

Si vamos a cambiar, entonces la renovación bíblica de nuestra mente tiene que llevarnos de manera inevitable a la destrucción de nuestros ídolos y a tomar la misma decisión del salmista,

"Pero nosotros bendeciremos al Señor
Desde ahora y para siempre.
¡Aleluya" (Sal 115:19).